ANIMAL
ASSISTED INTERVENTION

아동을 위한
동물매개중재
이론과 실제

| 김 원 · 강경숙 · 마영남 공저 |

학지사

| 머리말 |

농림수산검역검사본부에 의하면, 2012년 현재 우리나라에서 반려동물을 기르는 가정은 약 359만 세대로 100가구 중 18가구가 반려동물을 기르고 있다고 한다. 이처럼 반려동물에 대한 관심과 수요가 비약적으로 발전하면서 관련 산업 또한 급속히 팽창하여 성장하고 있다. 이러한 반려동물 산업의 성장은 단순히 가정에서 동물을 기르는 수준을 벗어나 동물을 매개로 서로 소통하고 인간을 돕는 등 다양한 사회적 역할을 수행할 수 있는 준비가 되었다고도 할 수 있다.

동물매개중재는 동물을 활용하여 인간의 삶의 질과 치료적 개선을 목적으로 연구되고 개발된 대안적 치료방법이다. 동물매개중재는 신체적 장애에서부터 정신적 장애, 그리고 치매에 이르기까지 다양한 영역에서 그 활용도가 확산되고 있으며, 아동에서부터 노인에 이르기까지 다양한 대상에게 도움을 주고 있다. 특히 동물은 성인과는 달리 아동에게 특별한 의미를 가지고 있다. 때에 따라 친한 친구가 되기도 하고, 힘들고 무서울 때 보호자의 역할을 하기도 한다.

소아정신과 의사인 보리스 레빈슨이 동물매개중재에 대한 서적을 출판한 것을 시점으로 여러 영역에서 활용할 수 있는 관련 서적들이 출간되고 있으나, 우리나라에서는 아직 동물매개중재를 실천하고 연구를 위해 도움을 줄 수 있는 서적이 미비한 실정이며, 특히 아동에게 도움을 줄 수 있는 동물매개중재 관련 서적은 전무한 상태다.

이에 아동과 동물의 관계를 이해하고 동물을 통해 다양한 도움을 주기 원하는 동물매개중재 관련자와 현장에서 실천하고자 하는 분들에게 작으나마 도움이 되고자 아동을 위한 동물매개중재에 관한 책을 출간하게 되었다. 또한 아동이 있는 일반 가정에서도 실천해 볼 수 있도록 프로그램의 내용을 각 단계별로 상세히 기술하였다.

이 책은 총 2부 6장으로 이루어졌다. 1부는 총 4개 장으로 아동을 위해 동물매개중재에 필요한 이론적 내용으로 구성하였다. 1장은 동물매개중재에 관한 이해를 돕기 위한 장으로 정의, 범위와 영역, 활용, 동물의 장단점, 동물의 훈련 방법 및 평가, 윤리 및 위험 관리에 대해 설명하였다. 2장은 아동의 발달에 동물매개중재가 어떻게 도움이 되는지 알아보기 위해 정서 발달, 사회성 발달, 인지 발달 영역으로 구분하여 발달 영역별로 이론적 근거를 제시하여 설명하였다. 3장의 학교와 동물매개중재에서는 학교환경에서 동물매개중재를 어떻게 활용할 수 있는지에 대해 교실과 학교로 나누어 설명하였다. 특히 최근 많은 문제가 되고 있는 학교폭력에 대해 동물매개중재가 도움을 줄 수 있는 방법에 대해 설명하였다. 4장은 장애아동을 위한 동물매개중재에 관한 내용으로 학교와 장애아동 교육현장에서 자주 접하게 되는 주의력결핍 과잉행동장애, 품행장애, 자폐장애, 우울장애, 지적장애에 대한 활용 방법을 기술하였다.

2부는 1부의 이론과 효과성을 기반으로 동물매개중재를 실천할 수 있는 방법에 대해서 기술하였다. 5장에서는 동물매개중재를 현장에서 실천할 때 기본적으로 고려해야 하는 내용과 프로그램 구성 방법에 대해 기술하였으며, 6장은 동물매개중재에서 활용할 수 있는 프로그램을 신뢰 형성 단계, 상호작용 단계, 교감 단계로 나누어서 기술하였다. 마지막으로 부록에는 동물매개중재 활동과 교육에 도움이 될 수 있는 교육 자료와 국내외 기관을 소개하였다.

　이 책은 정확한 이론적 근거와 동물매개중재 실천을 연결하고자 하는 기본 원칙을 바탕으로, 가능한 다양한 사례를 제시하여 이해에 도움을 주고자 노력하였다. 특히 실제 현장에서 직접 수행한 경험을 바탕으로 효과성이 인정된 내용을 기술하였다는 것에 대해서 자부심을 느끼지만, 아직도 부족한 부분이 있음을 인정하지 않을 수 없다.

　현재 동물매개중재는 다양한 이론을 근거로 실천이 이루어지고 있으며, 수많은 증거 기반의 연구 결과가 발표되고 있다. 이 책이 동물매개중재를 실천하고 싶어 하거나 연구 및 교육을 하고자 하는 분들에게 도움이 되기를 바라며, 이 책의 내용을 기반으로 동물매개중재에 대한 창의적이며 다양한 연구가 진행되기를 진심으로 바란다. 또한 중재견과 함께하지 않더라도 일반 가정에서 반려견과 함께 생활하는 가정이 점차 늘고 있으므로 반려견과 함께 활동하고, 아동이나 가족이 즐겁게 어울릴 수 있도록 참고할 만한 프로그램이 많이 소개되었다. 이는 반려견을 기르는 가족에게도 즐거운 활동이 될 수 있지만, 동물복지 측면에서도 반려견에게 유익하게 활용할 수 있을 것이다.

　이 책의 기획 단계부터 진행 과정 내내 의견을 조율·수정하고, 공동으로 집필하며 서로 격려하고, 책의 마무리 단계까지 헌신적인 노력을 기울여 주신 공동 집필진들께 서로 감사드리며, 이 책이 출판될 수 있도록 지원해 주신 학지사 김진환 사장님과 편집부 김순호 부장님께도 감사를 드리고 싶다. 우리나라에서 동물매개중재의 무궁한 발전을 기원하며, 동물매개중재 부문의 발전에 민들레 홀씨가 되었으면 하는 소망이 간절하다.

2013년 3월
저자 일동

| 차 례 |

제1부

동물매개중재
이론

동물매개중재 이론 부분에서는 현장에서 아동을 대상으로 동물매개중재를 실천하기 위해 필요한 다양한 이론적 배경에 대해서 서술하였으며 내용은 전체 4장으로 구성했다. 제1장에서는 동물매개중재를 실시하기 위해서 알아야 하는 가장 기본적인 지식으로 동물매개중재 관련 용어와 활용되는 동물의 선택, 훈련, 평가, 그리고 동물매개중재자가 가져야 하는 윤리적 책임과 동물매개중재 시 발생할 수 있는 각종 돌발 상황에 대처해야 할 위험관리 방법에 대해서 서술하였다.

제2장에서는 아동의 발달에 동물 또는 동물매개중재가 어떻게 도움이 되는지에 대해 그동안의 연구 결과를 바탕으로 정서 발달, 사회성 발달, 인지 발달 영역으로 나누어서 제시하였다. 학령기 아동은 학교생활을 통해서 다양한 과업을 성공적으로 수행하여 성숙한 성인으로 성장하게 된다. 따라서 학교는 아동에게 가정 이상으로 중요한 의미가 있으므로 제3장에서는 기존 연구 결과와 함께 학교환경에서 동물매개중재를 어떻게 활용할 수 있는지에 대해서 다양한 방법을 소개하였다. 또한 최근에 관심이 높은 학교폭력에 대해서 동물매개중재가 어떻게 도움이 될 수 있는지에 대해서도 기술하였다. 마지막으로 제4장에서는 정서, 사회성, 인지 영역에서 어려움을 겪는 장애를 중심으로 동물매개중재가 어떻게 도움을 줄 수 있는지에 대해 소개하였다.

제 1 장

⋮

동물매개중재의 개요

과거 우리 조상들은 자연에서 동물과 함께 더불어 살면서 건강한 정신과 육체를 유지할 수 있었다. 그러나 문명의 발달로 자연 속에서 동물들과 공존공생할 기회가 줄어 들면서 정서적인 불안정이나 운동 부족에서 오는 신체적인 장애, 주변 사람들과 어울리지 못하는 사회성 결여 등과 같은 문제가 발생하게 되었다. 여러 가지 여건으로 인해 자연으로 돌아가지 못하는 현실에서의 최선의 선택은 동물과의 인위적인 접촉을 통해서 현대인에게 부족한 신체적·정서적·사회적 기능을 회복시켜 주는 것인데, 이를 위해 '동물매개중재'가 필요하다(Serpell, 2000).

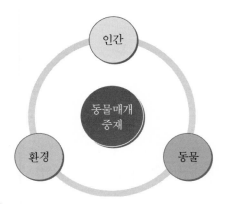

[그림 1-1] 동물매개중재에 관여하는 요인

1. 동물매개중재의 정의

'동물매개중재(Animal-Assisted Intervention: AAI)'는 포괄적 용어로 Kruger와 Serpell(2006; 2010)은 '치료 목적 또는 개선을 위한 과정이나 환경의 일부로써 의도적으로 동물을 포함하거나 개입시키는 중재'라고 정의하였다. 여기에서 '치료 목적'이라는 것은 치료를 위한 의학적·정신과적 치료를 가리키는 것이 아니고 상호작용의 개선성을 의미한다.

동물매개중재는 '동물매개치료(Animal-Assisted Therapy: AAT)'와 '동물매개활동(Animal-Assisted Activity: AAA)'이라는 두 가지 하위 유형으로 구분할 수 있다. 일반적으로 동물매개중재는 이러한 두 하위 유형을 포함하는 통합된 표현으로 사용된다. 또한 하위 유형의 개념이 다소 혼용되어 사용되기 때문에 '동물매개중재'라는 용어가 도입되었다. 이러한 정의는 의학적 모델에 적합한 편이지만 유사 의학적 성격의 문제에 대한 논의가 필요할 때 융통성 있게 사용할 수 있다.

두 용어를 좀 더 구체적으로 살펴보면, '동물매개치료(AAT)'(Delta Society, 2012)는 특정한 기준을 만족하는 동물이 치료 과정의 통합된 부분으로 참여하는 목표 지향적 중재로, 자신이 수행할 수 있는 영역에서 특별한 자격이 있는 전문가에 의해서 수행되어야 한다. 인간의 신체적·사회적·정서적·인지적 기능을 향상시키는 것을 목표로 하며, 개인 또는 집단으로 다양한 장면에서 수행할 수 있다. 모든 치료 과정은 문서화되고 평가되어야 한다.

한편, '동물매개활동(AAA)'(Delta Society, 2012)은 삶의 질을 향상시키기 위하여 동기유발적·교육적·오락적·치료적 이점을 얻을 수 있으며, 특별한 조건을 만족하는 동물을 활용하여 훈련된 전문가나 보조전문가, 봉사자에 의해서 다양한 환경에서 실행한다. 공통된 절차 없이 일반적인 범위의 중재로 개인이나 그룹 장면에서 각 개인에게 한 마리 이상의 동물을 가지고 실행할 수 있다. 즉, 자발적 상호작용을 통한 치료적 효과를 기대하는 것이다.

2. 그린케어와 동물매개중재

'그린케어(녹색치유, green care)'는 치유농업(care farming), 동물매개중재(AAI), 원예치료(therapeutic horticulture) 등을 포함하는 포괄적 개념이다. 이러한 여러 중재 방법의 공통점은 자연과 자연 환경을 활용한다는 것이다. 여기에서 그린케어는 자연을 단순히 수동적으로 경험하는 것을 의미하는 것이 아니라, 육체적·정신적 건강을 향상시키거나 증진시키기 위한 적극적인 중재를 의미한다.

인간은 자연과의 공진화를 통해서 상호 긍정적인 관계로 발전해 왔다. 자연생태계는 인간에게 음식물을 제공할 뿐만 아니라 삶의 질도 향상시켜 준다. 우리는 이러한 관계의 가치와 중요성에 대해서 간과해 왔으나, 자연과의 접촉이 인간의 건강과 복지를 향상시킨다는 연구 결과들이 나오고 있다(Bird, 2007; Frumkin, 2003; Health Council of the Netherlands, 2004; Maas, Verheij, Groenewegen, De Vries, & Spreeuwenberg, 2006; Maller, Townsend, Brown, & Leger, 2002; Pretty, Peacock, Sellens, & Griffin, 2005; Van den Berg, Hartig, & Staats, 2007). 그러나 사회가 점점 도시화되어 감에 따라, 20~21세기에 이르는 두 세기에 걸쳐 도시 환경에서 살고 있는 사람들이 증가하게 되었다. 세계 인구의 절반 이상이 도시 지역에 살고 있으며(UNFPA, 2007), 이 비율은 계속적으로 증가하고 있고, 도시 외곽으로 점점 확대되면서(Pretty, 2007) 자연과 녹색 공간으로의 접근은 점점 제한되고 있다. 그 결과, 많은 사람이 자연과 단절되고 시골이나 자연과의 친밀감을 잃어 가고 있다. 이러한 자연과의 단절은 정신적 건강과 복지에 영향을 주어 새로운 건강 비용을 지불하게 하고 있으며, 정신적 스트레스나 육체적 긴장으로부터 회복할 수 있는 기회를 제한하고 있다(Pretty, Peacock, Sellens, & Griffin, 2005).

이러한 도시화에 따른 문제들이 사회적 쟁점이 되면서 자연과 인간의 건강에 관한 연구에 관심이 늘고 있다. 여러 연구 결과에서 자연에 노출되는 것과 건강 사이에 긍정적 관계가 있다는 것을 보여 주고 있다(Bird, 2007; Pretty, 2004, 2007). 이러한 연구에서 중요한 점은 자연과의 접촉이 스트레스 수준을 감소시키고, 기분을 개선시켜 주며, 미래의 스트레스로부터 회복 환경이 되어 주고 보호작용을 함으로써 정신적 건강을 향상시킨다는 것이다(Hartig, Evans, Jamner, Davis, & Garling, 2003; Hartig, Mang, & Evans, 1991; Kaplan, 1995; Kaplan & Kaplan, 1989; Louv, 2005). 또한 운동에 대한 동기 부여를 하고, 사회적 접촉을 촉진시키며, 자기계발의 기회를 제공함으로써 건강을 향상시킨다는 것이다(Health Council of the Netherlands, 2004). 이러한 그린케어는 자연을 사용하고 경험하는 방법에 따라 [그림 1-2]처럼 세분화할 수 있다(Haubenhofer, Elings, Hassink, & Hine, 2010).

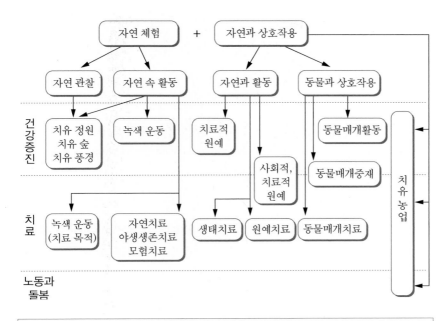

[그림 1-2] 그린케어의 분류

    그린케어는 크게 '자연 체험'과 '자연과 상호작용'으로 나눌 수 있다. '자연 체험'은 다시 '자연 관찰'과 '자연 속 활동'으로 나눌 수 있다. '자연 관찰'은 감각기관을 활용하여 보고, 냄새를 맡고, 촉각을 이용하여 느껴 보는 등의 활동을 통해서 경험하는 것이며, '자연 속 활동'은 자연 요소를 가지고 직접적으로 상호작용하거나 자연을 가꾸지 않고 그 속에서 육체적인 활동을 하는 것을 의미한다. 예를 들면, 공원에서 자전거 타기, 시골길 걷기 등이 이러한 활동에 해당된다. 이러한 수동적 자연 체험은 자연의 요소를 가지고 상호작용을 하지 않으며 단순히 그 속에서 활동하는 것을 의미한다.

    '자연과 상호작용'은 '자연과 활동'과 '동물과 상호작용'으로 다시 나눌 수 있다. '자연과 활동'은 나무 심기, 화단 꾸미기, 울타리 다듬기, 돌담 쌓기 등을 의미한다. 이 네 가지는 다시 단순한 건강 증진과 치료라는 목적에 따라 세분화할 수 있다. 그러나 이러한 분류가 정확히 나뉘는 것은 아니다. '동물과 상호작용'은 동물매개중재로, 이는 단순한 건강증진을 위한 동물매개활동과 치료를 목적으로 한 동물매개치료의 두 부분을 모두 포함하는 개념이다. 반려동물 또는 농장 동물과 함께하는 동물매개중재는 그린케어의 여러 분야에서 가장 체계적으로 잘 정립된 영역이다. 지금도 신체적 복지(Friedmann & Thomas, 1995; Friedmann, Katcher, Lynch, & Thomas, 1980; Odendaal, 2000)와 정신적 복지(Barak, Savorai, Mavashev, & Beni, 2001; Berget, 2006; Bernstein, Friedmann, & Malaspina, 2000; Folse, Minder, Aycock, & Santana, 1994; Nathans-Barel, Feldman, Berger, Modai, & Silver, 2005)에 대한 효과를 알아보기 위해 다양한 대상(Barak et al., 2001; Bernstein et al., 2000; Folse et al., 1994; Friedmann & Thomas, 1995; Katcher & Beck, 1989; Katcher, Beck, & Levine, 1989)과 다양한 동물종(Berget, 2006; Levinson, 1962)에 대한 연구를 진행하고 있다.

3. 동물매개중재에 활용되는 동물

동물매개중재는 아동의 신체적·정신적 문제를 도와주기 위해서 동물을 활용한다는 공통점을 가지고 있다. 중재 시 동일한 조건이 주어졌을 때 아동을 위해서 활용되는 중재 동물의 종류와 상태에 따라 중재 결과는 큰 차이를 가져올 수 있다. 예를 들면, 대상 아동이 좋아하는 동물이 중재에 활용되고 그 중재 동물이 아동에게 적극적인 반응을 보이면 아동은 당연히 적극적으로 중재에 참여하게 될 것이고, 그에 따라 중재 결과도 좋을 것이라고 기대할 수 있다. 그러나 만약 아동이 싫어하는 동물이거나 아동의 지시나 활동에 중재 동물이 적절하게 반응하지 않는다면 아동은 소극적으로 중재에 참여할 것이고, 그에 따라 중재 결과도 좋지 않을 것이다. 따라서 동물매개중재에서 가장 중요한 것은 중재 동물의 선택이라고 할 수 있다.

중재에 가장 많이 활용되는 동물은 개이고, 그다음으로 고양이, 말, 토끼, 게르빌루스 쥐, 관상어류 순이다(Chandler, 2012). 최근 국내에서 파충류를 기르는 가정이 많이 증가하고 있으나, 파충류는 질병을 옮길 위험성이 매우 높고 아동에게 부상을 입힐 수 있으므로 중재 동물로는 잘 활용되지 않으며, 따라서 적합하지 않다고 할 수 있다. 중재에 활용되는 또 다른 동물은 농장 동물로 닭, 돼지, 소 등이 있다.

다음은 중재에 활용되는 대표적인 동물에 대해서 Chandler(2012)의 내용을 참고하여 소개하고자 한다.

1) 개

개의 종류, 즉 견종은 무수히 많다. 수많은 견종 중에서 어떤 특별한 견종만이 중재에 활용되는 것은 아니다. 다만, 일부 견종은 훈련이 용이하고 사람과 다른 개에게 친근하면서 보살피는 성향을 가지고 있어, 차분하고 높은 수준의 활동에 적합하다. 그러나 중재 활동에 필요한 기준을 충족한다면 어떤 견종이든지 활용 가능하며, 혼혈견(잡종), 심지어 유기견도 훌륭한 중재 동물이 될 수 있다.

중재 활동을 위해서는 개의 성향과 훈련의 정도가 매우 중요하다. 예를 들면, 개의 성향이 동물매개중재에 적합하지 않을 때, 즉 공격적이거나, 사람을 두려워하거나, 과잉행동을 보이거나, 소극적이거나, 예민한 경우에는 중재 활동에 적합하지 않다.

개가 중재에 활용되기 위해서는 좋은 기질을 가지고 있어야 한다. 즉, 연령이나 성별에 관계없이 모두에게 다정하고 친절하며 잘 어울려야 한다. 또한 높은 수준의 소음과 활동에도 견딜 수 있어야 한다. 다른 개에게 공격적이지 않으며 친근하게 행동해야 한다. 그리고 차분하고 순종적이어서 쉽게 통제할 수 있어야 한다. 차로 이동하는 경우가 많으므로 이동하는 것을 편안하게 느껴야 한다. 낯선 장소를 방문하거나 낯선 사람과 인사하는 것을 편안하게 느껴야 한다. 무엇보다 가장 중요한 것은 스트레스에 잘 견딜 수 있어야 한다. 공격적이거나 두려움이 많은 개는 중재에 적합하지 않으며, 끊임없이 짖는 개도 중재 활동에 적합하지 않다.

중재에 가장 많이 활용되는 견종은 '라브라도 리트리버'다. 라브라도 리트리버는 성견이 되면 차분해지고, 매우 영리하여 훈련하기에도 용이하다. 또한 인간에게 친근하면서도 강인하고 스트레스에 비교적 잘 대처한다. 이러한 이유로 황금빛 털을 지닌 리트리버 종인 '골든 리트리버'가 많이 활용된다.

적절한 개의 선택은 중재에서 가장 중요한 부분이다. 그와 함께 중요한 것은 대상 아동과 개의 성격에 대한 적합성으로, 대상 아동과 개가 서로 조화롭게 활동하여 긍정적인 효과를 가져올 수 있느냐다. 전문적으로 중재에 활용되는 대부분의 개는 어떤 대상이든 관계없이 다양한 활동을 잘 소화해 낼 수 있다. 그러나 개가 가지고 있는 고유한 성향은 특정 대상에게 더욱 적합할 수 있다. 예를 들면, 어리고 놀기 좋아하는 성향을 지닌 개는 활발한 아동이나 청소년에게 더 적합하고, 어른스럽고 차분한 개는 성인이나 영유아에게 더 적합하다. 중재 동물로 개를 활용하는 경우의 장

〈표 1-1〉 중재 동물로 개를 활용할 때의 장단점

장 점	단 점
• 대부분의 사람이 개를 좋아함. • 사람과 함께하는 활동을 좋아함. • 사람들을 차별하지 않음. • 훈련시키기가 용이함. • 사람들에게 개에 대한 추억을 공유할 수 있게 해 줌.	• 일부 사람에게 개 알레르기를 유발시킬 수 있음. • 관리가 요구됨(음식, 배설물, 털 손질, 훈련 등).

단점을 정리하면 〈표 1-1〉과 같다.

2) 고양이

고양이는 동물매개중재를 실행하기 위해 좋은 후보가 될 수 있다. 중재 적합성 여부나 정도에 따라 특별히 선호되는 고양이는 없다. 고양이를 중재에 활용하기 위해서는 차분하고 예의가 있어야 하며, 상대적으로 스트레스를 잘 견딜 수 있어야 한다. 또한 낯선 사람과 만나는 것을 편안하게 느껴야 한다. 기초적인 복종 훈련은 요구되지 않으나, 처음 만난 사람이 쓰다듬는 동안 무릎에 조용히 앉아 있을 수 있어야 한다. 중재 동물로 고양이를 활용할 경우의 장단점을 정리하면 〈표 1-2〉와 같다.

〈표 1-2〉 중재 동물로 고양이를 활용할 때의 장단점

장 점	단 점
• 작고 덜 위협적임. • 활동적이고 놀기를 좋아함. • 사람의 무릎에 장시간 앉아 있을 수 있으면서 보살핌을 요구함.	• 일부 사람에게 고양이 알레르기를 유발시킬 수 있음. • 훈련이 어렵고, 많은 종류의 훈련을 소화할 수 없음. • 관리가 요구됨(음식, 배설물, 훈련 등).

3) 말

말은 대부분 다양한 분야에서 활용되다가 은퇴한 이후 중재에 활용된다. 말이 중재에 활용되기 위해서는 훈련이 잘 되어 있어야 하며, 성격이 차분하고 다른 말이나 사람들에게 친근해야 한다. 또한 익숙하지 않은 물건이나 소리에 쉽게 놀라지 않아야 한다. 중재 동물로 말을 활용할 경우의 장단점을 정리하면 〈표 1-3〉과 같다

〈표 1-3〉 중재 동물로 말을 활용할 때의 장단점

장 점	단 점
• 대부분의 사람이 좋아함. • 말과의 활동은 사람들에게 참가와 협조를 쉽게 유도할 수 있음. • 사람들이 크고 힘센 동물을 통제함으로써 자신감을 얻게 해 줌. • 훈련이 용이하고 튼튼함.	• 기질과 건강 요건을 충족시키는 말을 찾기가 쉽지 않음. • 일부 사람에게 말 알레르기를 유발시킬 수 있음. • 활동하기 위해서 넓은 공간이 필요함. • 활동에 여러 명의 중재자가 필요함. • 중재를 위해서 특별한 도구가 필요함. • 관리를 위해 많은 시간과 비용이 필요함. • 개나 고양이와 다르게 부상이 많음.

4) 기타 작은 동물

중재에 활용할 수 있는 또 다른 동물은 작은 동물들로 토끼, 기니피그, 게르빌루스쥐, 햄스터, 새, 관상어 등이다. 이러한 작은 동물을 중재에 활용하려면 동물들이 잘 길들여져 있어야 하고, 병에 걸리지 않도록 주의해야 한다. 관상어를 제외하고 대부분의 작은 동물들은 활동 중에 대상자들이 손으로 잡고 들어올리는 경우가 많으므로 이러한 활동을 편안하게 느껴야 한다. 다른 동물에 비해 작은 동물을 매개로 활용할 때는 상대적으로 차분하고 스트레스를 잘 견뎌야 한다. 작은 동물을 활용할 때의 장단

〈표 1-4〉 중재 동물로 작은 동물을 활용할 때의 장단점

장 점	단 점
• 활동 범위가 넓지 않음. • 이동이 용이함. • 작고 다루기 쉬움. • 관심이나 주의를 많이 요구하지 않음. • 구입 및 관리 비용이 저렴함. • 조심스럽고 소극적인 접근이 요구되는 중재에 적합함.	• 부상에 약하고 민감함. • 큰 동물에 비해서 다루기가 어렵고, 스트레스에 약함. • 대부분 수명이 짧음. • 훈련시키기가 어려움. • 큰 동물에 비해서 다정다감하지 않음. • 인간과의 상호작용을 하지 않음.

점을 정리하면 〈표 1-4〉와 같다.

5) 가축

　농장 동물을 포함한 가축은 동물을 활용한 중재에 훌륭한 중재 동물이 될 수 있다. 즉, 돼지, 닭, 소 등 어떠한 가축이든 관계없이 건강하고 공격적이지 않으면 중재에 활용할 수 있다. 가축을 중재에 활용하는 경우의 장단점을 정리하면 〈표 1-5〉와 같다.

〈표 1-5〉 중재 동물로 가축을 활용할 때의 장단점

장 점	단 점
• 대부분의 사람이 가축과의 상호작용 기회가 많지 않기 때문에 더 관심을 기울임. • 가축과 함께 일을 함으로써 성취감과 농업 기술을 습득할 수 있음. • 개와의 활동처럼 강한 상호작용을 요구하지 않음. • 훈련을 요구하지 않음.	• 가축을 활용한 중재를 위한 농장을 찾기가 쉽지 않음. • 농장으로 사람들이 찾아오기가 쉽지 않음. • 가축과의 상호작용 중 부상의 위험이 높음. • 가축은 훈련시키기 어렵고 예측이 힘듦. • 중재를 위해서는 훈련된 직원들이 많이 필요함. • 중재 활동 중 더러워질 수 있음.

6) 동물을 중재에 활용할 때의 주의 사항

꼭 사회화시켜야 한다

　인간과 동물이 관계를 맺고 상호작용을 하기 위해서는 반드시 사회화 과정이 필요하다. 개와 고양이는 생후 3~12주가 사회성이 형성되는 민감한 시기다. 이 시기에 특정 대상과의 경험만 받아들이면 그 대상만을 좋아하게 되어 사회화 범위가 축소되기 때문에, 결국 그 동물은 더 이상 새로운 대상에게 애착이 형성되기 어렵다. 그러나 만약 동물을 자신을 선호하는 부분에 한정하지 않고 여러 상황에 노출시키면, 각각의 상황이나 대상에 대해서 애착을 보이게 된다. 한 동물이 인간을 포함한 다른 동물에게 비슷하게 노출되면 다른 대상 각각에 대해서 애착이 형성될 것이다. 애착의 강도도 다른 대상에게 노출된 정도와 관련될 수 있다. 어린 동물들을 여러 인간에게 노출시키면 특정 인간에 대한 애착보다는 인간 전체로 좀 더 일반화된 사회화가 이루어진다. 만약 사육자가 인간과의 충분한 경험을 어린 동물에게 제공해 주지 못하면, 그 동물은 기쁨을 가지고 사회화된 반려동물로서의 기능을 제대로 할 수 없을 것이다(Berget & Ihlebaek, 2011). 농장 동물들이 동물매개중재에서 효과적이고, 공격성이나 두려운 행동을 피하기 위해서는 어렸을 때부터 인간을 위한 사회화가 이루어져야 한다(Berget, 2006).

🐶 동물매개중재는 2세 이상의 개가 적합하다

미국 일리노이대학에서 연구한 결과에 의하면 2세 이상인 개를 동물매개중재에 사용할 것을 권장하며, 6세 이상은 스트레스에 잘 견딜 수 있다고 한다. 1시간 이상 동물매개중재 활동을 하는 경우에는 1시간 후 최소 10분의 휴식 시간이 필요하며, 15분 이상 휴식하거나 아니면 더 많은 시간을 휴식하는 경우에 중재에 활용되는 개의 스트레스를 최소화할 수 있다(King, Watters, & Mungre, 2011).

🐶 반려동물은 주기적으로 관리하고 교육시키면 안전하다

보통 부모들이 자녀가 동물과 활동을 할 때 가장 염려하는 것은 청결과 알레르기다. 이에 대한 정확한 보고는 없으나 북미에서 알레르기가 있는 사람의 단 6%만이 동물의 털에 의해 알레르기 반응이 있었다고 한다(Elliot, Tolle, Goldberg, & Miller, 1985). 반려동물에 의한 알레르기 발생을 줄이기 위해서는, 건강한 반려동물을 선택하여 주의 깊은 보살핌과 규칙적인 관리가 필요하다(Brodie, Biley, & Shewring, 2002). 잠재적인 알레르기 발생을 최소화하기 위해서 예방접종과 항 알레르기 파우더를 사용하는 것도 도움이 된다. 또한 아동과 반려동물을 보호하기 위해서 상호 접촉 전후에 손 소독제를 사용하여 손을 씻는 것도 중요하다. 부가적으로 반려동물이 사용하는 용품을 주기적으로 세탁하는 것도 바람직하며, 실내보다 야외에서 활동하는 것이 잠재적인 털에 의한 문제를 최소화하는 데 도움이 된다.

또 다른 문제는 아동의 안전이다. 개에게 물리는 것은 아동들 사이에서는 아주 일반적인 일이다. 그러나 반려동물과 부드럽게 상호작용하는 방법, 반려동물에게 언제, 어떻게 다가가야 하는지, 반려동물과 어떻게 놀이 활동을 해야 하는지, 반려동물을 무서워하는 사람을 만나면 어떻게 해야 하는지에 대해서 연령에 적합하게 사전에 교육한다면 개에게 물리는 일을 예방할 수 있다(Jalongo, 2006; 2008).

동물매개중재에는 반려동물과 농장 동물이 적합하다

많은 노인에게서 흔히 볼 수 있듯이 어려운 개인적 환경이나 열악한 건강 상태에 놓여 있는 사람들은 개나 말보다는 돌봄이 적게 요구되는 고양이를 선택하는 것이 좋을 수 있다. 동물매개중재에 있어서 개와 말의 활용에는 차이가 있는데, 개는 친밀감과 편안함을 주기 위하여 하루 24시간 이용할 수 있지만, 말은 중재를 위해서 주요 시설과 인력 구성이 필요하다. 다양한 동물을 동물매개중재에 사용할 수 있으나 참가자의 안전과 적절한 동물 복지를 위하여 가금류로 제한하는 것이 바람직하며, 가장 적당한 유형은 반려동물과 농장 동물이다(Berget & Ihlebaek, 2011).

동물과의 접촉 시간과 중재 동물의 지속성이 치료적 관계와 효과에 중요한 영향을 미치기 때문에, 가능한 동물과의 접촉 시간을 제한하지 않고 일단 참여한 동물은 중요한 문제가 없는 한 바꾸지 않고 계속할 수 있도록 해 주는 것이 중요하다. 또한 아동의 긍정적 기분과 행동의 변화를 유지하기 위해서 계속적으로 동물이 존재하여야 한다(Katcher & Wilkins, 1998).

4. 동물매개중재에 활용되는 동물의 훈련과 평가

동물매개중재에 활용되는 동물을 교육하기 위한 훈련 방법은 다양하지만, 그중에서 동물에게 긍정적이고 효율적인 방법으로 꼽을 수 있는 '클리커(Clicker)'라는 도구를 활용한 방법을 중심으로 설명하고자 한다. 또한 중재 동물로 가장 활용도가 높으며 고등 훈련이 가능한 개를 중심으로 훈련 방법을 소개하겠다.

클리커를 활용한 동물 훈련은 코넬대학에서 동물학과 행동생물학을 전공한 '캐런 프라이어'에 의해서 개발되었다. '캐런 프라이어'는 해양 포유동물을 연구하였으며 돌고래를 훈련하는 데 스키너의 조작적 조건화 원리를 이용하고, 해양 포유동물 쇼를 발전시킨 바 있다. 클리커를 이용한 훈련 방법은 스키너의 학습이론인 조작적 조건화와 2차 강화물을 활용하는 대표적인 훈련 방법이다.

1) 동물매개중재에 활용되는 동물의 훈련

🐾 동물 훈련을 시작하기 위한 세 가지 조건과 사용 방법

개   모든 교육이 그렇듯이 개에게 훈련을 시키기 시작하는 것도 가능한 어렸을 때부터 하는 것이 바람직하다. 어린 강아지 때부터 훈련을 시작하면 훈련에 소요되는 시간도 많이 걸리지 않고, 훈련 결과도 매우 만족할 만하다. 그러나 나이가 많은 개를 훈련시키는 데는 오랜 시간이 소요될 뿐 아니라 훈련 성과 또한 기대하기 어렵다.

[그림 1-3] 동물 훈련은 조기 교육이 바람직하다

클리커(Clicker)   클리커는 '딸깍' 소리를 내는 플라스틱 장치다. 사용 방법은 아주 간단하여 버튼이나 금속 부분을 살짝 누르면 된다. 클리커 구입을 희망하는 사람들은 인터넷을 통하여 검색하면 다양한 종류를 확인할 수 있으며 쉽게 구입할 수 있다. 클리커는 종류가 다양하며, 기능상의 차이는 별로 없으므로 자신이 선호하는 것을 선택하면 된다([그림 1-4] 참조).

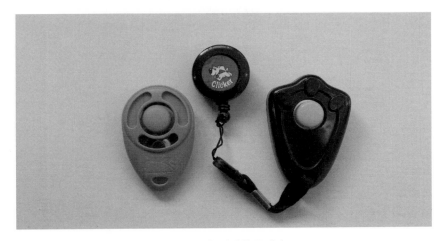

[그림 1-4] 다양한 클리커

보상   개가 훈련을 잘 받아들이면 적절하게 보상을 해 주는 것이 중요하다. 보상물은 어떤 것이든 될 수 있지만, 개가 평소 좋아하는 것을 찾아서 보상해 주는 것이 적절하다. 그중에서 가장 많이 사용하는 것은 개가 좋아하는 간식이다. 모든 음식물이 가능하지만 개에게 해로운 초콜릿은 부적절하며, 크기는 건포도보다 작은 것이 좋다. 보상물로 주는 먹이는 식사를 대신하는 것이 아니며, 훈련의 효과를 극대화하기 위함이라는 점을 명심해야 한다. 장난감을 보상물로 줄 수도 있지만, 음식물보다는 효과가 적다. 특히 개가 장난감을 가지고 놀 때는 개를 계속해서 관찰하고 있어야 한다.

조용하고 집중할 수 있는 환경이 바람직하지만, 상황에 따라 집중이 어려운 환경에서 훈련을 할 때는 개가 가장 좋아하는 보상물을 이용하면 집중력을 잘 유도할 수 있다. 보상물로는 음식물이 많이 사용되는데, 동물에게 해가 없으면서도 냄새를 강하게 풍기는 것이 좋다([그림 1-5] 참조).

[그림 1-5] 다양한 보상물

클리커 사용 방법   클리커를 활용하여 개를 훈련시키기 위해서 클리커와 보상(간식 등)을 상호 연관시키는 것이 중요하다. 즉, 클리커 소리가 나면 곧바로 간식을 받을 것이라는 것을 알게 하는 것이다. 한 손에는 클리커, 다른 한 손에는 보상물(간식)을 가지고 시작한다. 클리커를 한 번 누르고 간식을 준다. 클리커를 활용한 훈련이 시작되면 클리커를 누르지 않았을 때는 간식을 주어서는 안 되며, 항상 클리커를 누른 후에 간식을 주어야 한다. 여러 번 반복적으로 수행하다 보면, 개는 사람이 클리커를 누르면 보상으로 간식을 준다는 것을 스스로 알게 된다. 이렇게 클리커와 보상이 연관되어 있다는 것을 개가 알기 시작하면 훈련을 시작할 수 있다.

처음에는 간단한 훈련에서 점점 어려운 훈련으로 강도를 높일 수 있다. 훈련 방법은 원하는 행동을 한 가지 정하고 그 행동을 할 때마다 클리커를 누르고 간식을 준다. 여기서 가장 중요한 것은 클리커를 누르는 시점이다. 즉, 정확히 원하는 행동을 하는 순간에 클리커를 누르고 간식을 주어야 한다. 예를 들어, 개에게 '앉아'를 훈련시킨다고 할 때, 만약 개가 앉아 있다가 일어설 때 클리커를 누른다면 개는 일어날 때 간식을 주는 것으로 인식하게 된다. 클리커를 누르는 것에 조금만 주의하면 원하는 훈련의 성과를 기대할 수 있다.

🐶 클리커를 활용한 훈련 방법
다음은 이러한 훈련 방법을 활용하여 동물매개중재에 활용할 수 있는 여러 훈련 방법을 소개한다.

🌸 '앉아' 훈련시키기
[유도에 의한 방법]
앉기를 유도하여 훈련시키는 방법으로, 먼저 한 손에 작은 간식을 쥔 채로 개를 바라본다. 개가 일어난 상태에서 코 위로 손 안에 있는 간식을 쥐고 천천히 손을 개의 코에서 머리 쪽으로 움직이면 개가 간식을 보기 위해서 머리를 들게 되는데, 그에 따라 자연스럽게 뒷다리가 낮아져 결국은 엉덩이가 바닥에 닿게 된다. 이때 개의 엉덩이가 바닥에 닿는 순간

클리커를 누른다. 클리커를 누른 후 곧 바로 간식을 주어 보상해 준다. 이러한 과정을 계속해서 여러 번 반복한다. 어느 정도 숙달이 되면 이제는 손에 간식 없이 앞의 과정을 반복한다. 손에는 간식을 들고 있지 않지만 개에게 정확히 '앉아'라는 신호를 하면서 클리커를 누른 후 간식을 주어야 한다. 그러면 개는 손동작을 신호로 인식하기 시작한다. 클리커 없이 손동작만으로도 '앉아'를 시킬 수 있게 된다. 만약 말로만 앉게 하고 싶으면 개가 앉기 시작하여 바닥에 완전히 닿기 바로 직전에 "앉아"라고 말을 한다.

여러 번 연습한 뒤에 개가 앉기 전에 "앉아"라고 명령하였을 때 개가 앉는다면, 클리커를 누르고 간식을 준다. 만약 아무 신호도 주지 않았는데 개가 앉았다면 클리커를 누르지 말아야 하며 간식도 주지 않아야 한다. 주의할 것은 신호를 준 뒤에 개가 앉았을 때만, 클리커를 누르고 간식을 주어야 한다는 것이다. 개가 잘 알지 못한다고 생각하여 신호를 크게

[그림 1-6] 유도에 의한 '앉기' 훈련

하거나 여러 번 반복적으로 할 필요는 없다. 개의 청력은 사람의 청력보다 훨씬 우수하기 때문에 큰 소리를 낼 필요는 없다.

[관찰에 의한 방법]

　이 훈련 방법은 매우 쉽고 간단하지만 개를 아주 유심히 지켜보는 노력이 필요하다. 먼저 간식을 준비한 후 개가 앉기를 기다린다. 개에게 신호를 주거나 아무런 말도 하지 말아야 한다. 개가 엉덩이를 바닥에 대고 앉으려는 순간 클리커를 누른 후 개에게 간식을 준다. 시간이 조금 지나면 개는 스스로 간식을 얻으려고 노력을 시작할 것이다. 이 훈련 방법의 목적은 최단 시간에 가장 많이 앉도록 하여 간식을 받아 먹게 하는 것이다. 개가 클리커를 들거나 간식을 가지고 있을 때마다 앉기 시작한다면, 그때부터 수신호나 말(음성)을 통한 훈련을 시작할 수 있다.

[그림 1-7] 관찰에 의한 '앉기' 훈련

'앉아' 활용 용도
- 개를 안전한 상태에 있게 하고 싶을 때
- 개가 짖지 않고 조용히 있도록 하고 싶을 때
- 가만히 기다리게 하고 싶을 때

유도에 의한 '앉아' 훈련시키기
- 간식을 쥐고 있는 손을 개의 코에서 머리 쪽으로 천천히 이동한다.
- 개의 엉덩이가 바닥에 닿을 때 클리커를 누르고 간식을 준다.
- 다섯 번 정도 연습한 뒤에 간식 없이 시도해 본다.

관찰에 의한 '앉아' 훈련시키기
- 개가 앉을 때마다 클리커를 누른다.
- 개에게 간식을 준다.
- 반복하여 연습한다.

'눈 맞춤' 훈련시키기

[유도에 의한 방법]

먼저 클리커를 한 손에 들고 다른 한 손에는 간식을 쥔다. 간식을 쥐고 있는 손을 훈련자의 눈 앞으로 이동시킨다. 개가 훈련자의 눈을 바라볼 때 클리커를 누르고 간식을 준다. 약 다섯 번 정도 훈련을 반복한 뒤에는 간식 없이 훈련을 반복한다. 그리고 개가 훈련자의 눈을 바라보면 클리커를 누르고 간식을 준다. 이 훈련 방법에서는 말(음성)을 이용한 신호를 개에게 가르칠 필요는 없다. 왜냐하면 이미 훈련자의 손동작이 개에게 신호가 되기 때문이다.

[관찰에 의한 방법]

조용한 장소에서 개가 훈련자의 눈을 바라볼 때마다 클리커를 누르고

[그림 1-8] 유도에 의한 '눈 맞춤' 훈련

[그림 1-9] 관찰에 의한 '눈 맞춤' 훈련

간식을 준다. 훈련자가 클리커를 가지고 있을 때마다 개가 훈련자의 눈을 바라본다면 집중하기가 좀 더 어려운 어수선한 장소로 이동한다. 익숙하여 잘 하게 되면 또 다른 장소로 이동하여 다양한 장소와 환경에서 연습하는 것이 바람직하다. 어느 정도 숙달되면 클리커를 누르기 전에 말(음성) 신호를 사용할 수 있다.

> 　'눈 맞춤' 활용 용도
> • 개가 훈련자에게 집중하도록 하고 싶을 때
>
> 　유도에 의한 '눈 맞춤' 훈련시키기
> • 간식을 이용해 개가 훈련자의 눈을 바라보도록 유도한다.
> • 클리커를 누르고 간식을 준다.
> • 다섯 번 정도 더 반복한 뒤에는 간식 없이 연습한다.
>
> 　관찰에 의한 '눈 맞춤' 훈련시키기
> • 개가 훈련자의 눈을 바라볼 때 클리커를 누르고 간식을 준다.

'엎드려' 훈련시키기

[유도에 의한 방법]

개가 앉아 있는 자세에서 시작한다. 손에 간식을 쥔 상태에서 개의 코와 매우 가까운 거리를 유지한다. 천천히 간식을 쥔 손을 바닥으로 내리기 시작하여 개의 발 앞까지 내린다. 만약 처음에 이 방법으로 개가 엎드리지 않는다면 개가 아래쪽을 향하게 하기 위해 클리커를 누를 수 있다. 개가 아래를 쳐다보는 것만으로도 클릭을 하고 보상을 줄 필요도 있다. 개가 완전히 엎드릴 때까지 천천히 간격을 넓혀 가면서 실시한다.

중요한 것은 개가 엎드리자마자 클리커를 누르고 곧이어 간식을 주는 것이다. 개가 다섯 번 정도 계속해서 완전히 엎드리면 손에 있는 간식을

[그림 1-10] 유도에 의한 '엎드려' 훈련

없애고 비어 있는 손으로 개에게 지시를 내린다. 손의 신호에 따라 언제
나 개가 엎드리면, 말(음성) 신호를 추가할 수 있다.

[관찰에 의한 방법]

개에게 말을 하거나 다른 신호를 보내지 말고 스스로 엎드릴 때까지 기
다린다. 스스로 엎드리면 클리커를 누른 후 간식을 준다. 개가 스스로 엎
드리는 것을 반복하기 시작하면 행동을 바꾸거나 새로운 곳에서 다시 시
작한다. 개가 엎드리고 클릭과 보상을 기대하고 훈련자를 쳐다보기 시작
하면 말로 하는 신호를 추가할 수 있다.

[그림 1-11] 관찰에 의한 '엎드려' 훈련

`'엎드려' 활용 용도

• 개를 안전한 상태에 있게 하고 싶을 때

• 개가 짖지 않고 조용하도록 하고 싶을 때

• 가만히 기다리게 하고 싶을 때

`유도에 의한 '엎드려' 훈련시키기

• 개에게 '엎드려'를 지시한다.

• 간식을 쥐고 있는 손을 바닥으로 천천히 내린다.

• 개가 엎드릴 때 클리커를 누르고 간식을 준다.

• 다섯 번 정도 연습한 뒤에 간식 없이 시도해 본다.

`관찰에 의한 '엎드려' 훈련시키기

• 개가 스스로 엎드리면 클리커를 누르고 간식을 준다.

✿ '기다려' 훈련시키기

기다리기 훈련은 개가 먼 거리에서 기다리게 하고 오랜 시간도 기다릴 수 있게 하기 위함이다. 개가 멈춰 있는 상태에서 거리에 대한 훈련부터 시작한다. 처음부터 개가 몇 분 이상 멈춰 있도록 해서는 안 된다. 개가 훈련자 옆에 앉아 있을 때 단 한 번만 "기다려"라고 말하고 수신호를 보낸다. 개로부터 한 발자국 걸음을 옮길 때까지 개가 움직이지 않으면 클리커를 누른 후 곧바로 간식을 준다. 만약 개가 클리커를 누르기 전에 움직이면 처음부터 다시 시작한다. 잘 수행하면 한 발자국 더 걸어 간 후 클리커를 누르고 간식을 준다. 개가 2m 정도의 거리까지 기다리기를 수행할 수 있으면 개가 머무르는 시간을 늘리는 훈련을 시작한다.

개가 앉아 있는 상태에서 시작한다. 단 한 번만 "기다려"라고 말하고 2m 거리로 이동한다. 10초가 지날 동안 개가 멈춰 있을 경우에 클리커를 누르고 간식을 준다. 서서히 시간을 늘려 가며 반복 훈련을 한다. 만약 개가 1~2분 정도 머물러 있을 수 있게 되면 그때부터는 다시 거리를 늘려 가며 훈련을 시작할 수 있다. 만약 개가 혼란을 느낀다면 시간을 줄이거나 거리를 다시 줄여 가야 한다.

[그림 1-12] '기다려' 훈련

> ＼ '기다려' 활용 용도
> • 개를 문 앞에서 기다리게 하고 싶을 때
> • 차 밖으로 나갈 때까지 차에서 안전하게 머물러 있게 하고 싶을 때
> • 다른 개나 사람에게 조용하게 인사하게 하고 싶을 때
>
> ＼ '기다려' 훈련시키기
> • 개에게 멈춰 있으라는 신호를 보낸다.
> • 개에게서 한 발자국 떨어진다.
> • 개가 멈춰 있다면 클리커를 누른다.
> • 점점 개와의 거리를 늘린다. 대신 그 시간은 늘리면 안 된다.
> • 개와 2m 거리로 멀어지면 이제부터 개가 머물러 있는 시간을 점점 늘린다.

2) 동물매개중재에 활용되는 동물의 평가

다양한 상황에서 동물을 신뢰하고 행동을 예측 또는 통제 가능하게 하기 위해서는 중재에 활용하는 동물에게 기본적인 훈련을 이수하도록 한 후 반드시 안정성을 평가하여야 한다. 중재에 활용할 수 있는 동물은 많지만 가장 활용도가 높고 다양한 평가를 할 수 있는 개를 중심으로 설명하고자 한다. 중재에 활용할 수 있는 개를 평가하는 방법은 기관에 따라 다양하나, 요약하면 중재 상황에 대한 기술의 습득 정도와 중재 환경에 대한 태도, 두 가지로 나누어서 평가한다. 또한 중재 동물은 단독으로 활동하지 않고 동물매개중재를 할 수 있는 중재팀을 구성하여 활동하기 때문에 중재 동물의 책임자인 중재자를 함께 평가한다.

🐻 상황 적응 기술 평가
상황 적응 기술 평가는 중재 상황에서 빈번히 일어날 수 있는 다양한

상황을 받아들일 수 있도록 교육되어 있는가와 어떤 상황에서도 통제가 되는가를 평가한다.

상황 1. 낯선 사람을 만났을 때   동물매개중재팀이 활동 현장에 도착하여 낯선 사람들을 만났을 때 중재 동물이 낯선 사람에 대해서 편하고 안전하게 받아들이도록 훈련되었는가를 평가한다.

상황 2. 만지고자 할 때   활동 현장에서 중재 동물을 만나면 대부분의 사람은 기쁜 마음으로 다가와 만지려고 한다. 이러한 행동은 인간의 본능이며 활동 현장에서 가장 빈번하게 일어나는 상황이다. 따라서 중재 동물과 중재자가 다가오는 사람에 대해서 사교적이면서도 통제력을 가지고 있는지를 평가한다.

상황 3. 그루밍(동물에 대한 일반 관리)을 할 때   중재 동물의 평소 관리 상태를 점검하면서 빗질이나 몸을 검사할 때 중재 동물이 이러한 상황을 자연스럽게 받아들이는지를 평가한다. 또한 중재자가 중재 동물을 책임감 있게 잘 보살피고 있는가를 확인한다.

상황 4. 이동할 때   중재자가 중재 동물과 함께 활동 현장에서 이동할 때 편안하게 움직이고 중재 동물이 중재자에 의해서 통제되고 있는가를 평가한다.

상황 5. 군중 사이를 지나갈 때   중재 동물이 사람들이 많이 있는 공공장소에서 중재자에 의해서 통제되는지를 확인한다.

상황 6. '앉아' '엎드려' '기다려'라고 명령을 할 때   큰 개인 경우에는 '앉기' '엎드리기' 그리고 '기다리기' 등을 할 수 있는가를 평가하며, 작은 동물인 경우에는 사람의 몸이나 무릎 위에 놓이거나 옮기는 것을 잘 참을 수 있는지를 확인한다.

상황 7. 이름 부를 때(오직 개에게 해당됨)   중재 동물에게 돌발 상황이 발생했을 때 중재 동물과 대상자를 보호하기 위해서 중재 동물이 항상 중재자의 통제하에 있는지를 평가한다.

상황 8. 다른 동물매개중재팀을 만났을 때   중재 동물이 다른 동물과 사람에 대해서 적절히 대처할 수 있도록 교육되었는지를 확인한다.

🐶 환경 적응 태도 평가

환경 적응 태도 평가는 중재 환경 내에서 일어날 수 있는 다양한 스트레스 환경을 중재 동물이 이겨 낼 수 있는 성격과 잠재성을 가지고 있는지를 평가한다. 이는 중재 동물의 적성과 태도로 중재견[1]이 동물매개중재를 수행하는 데 필요한 능력이나 잠재성을 가지고 있는지를 평가한다.

환경 1. 낯선 사람이 만지려고 할 때   중재견들이 거부 반응 없이 낯선 사람에게도 자연스럽고 편안하게 자신을 살펴볼 수 있게 허락하는지를 평가한다.

환경 2. 거칠게 만질 때   중재견을 어떻게 다루는지 잘 모르는 사람이나, 신체적인 장애를 가지고 있는 사람이 중재견을 거칠게 만지려고 할 때

---

1) 동물매개중재에 활용되는 동물을 '중재 동물'이라고 하고, 개가 활용되는 경우에는 '중재 견'이라고 한다.

중재견이 얼마나 인내심과 통제력을 가지고 참을 수 있는지를 확인한다.

환경 3. 안았을 때　중재견이 규제를 기꺼이 받아들이고 인정하는지를 보기 위한 것으로, 중재자는 이러한 규제 상황을 중재견이 잘 받아들일 수 있도록 보조해 줄 수 있다.

환경 4. 이상한 움직임을 보일 때　어떤 사람이 이상한 방식으로 접근했을 때 중재견이 얼마나 잘 참고, 피하지 않으며 자신감을 드러내는지 평가한다.

환경 5. 큰 소리가 났을 때　중재 동물이 다소 격하게 화난 감정을 보이는 사람에 대해서 잘 참을 수 있는지 확인한다.

환경 6. 돌발 상황이 발생했을 때　갑작스러운 돌발 상황에서 중재견이 잘 참을 수 있는지를 확인한다.

환경 7. 여러 사람이 만질 때　중재견이 여러 사람이 만지는 것을 잘 견딜 수 있는지 확인한다.

환경 8. 좋아하는 것이 있을 때　중재견이 중재자의 '기다려' 명령이 있은 후에 좋아하는 물건을 무시할 수 있는지 확인한다. 중재견이 좋아하는 물건이 있을 때 그 유혹을 이겨 내고 중재자의 통제에 따르는지를 평가한다.

환경 9. 보상물을 받았을 때　다른 사람이 중재견에게 보상물(간식)을 줄 때 예의바르게 받아 먹는지 확인한다.

5. 윤리 및 위험 관리

동물매개중재를 진행하는 동안 가장 중요한 것은 사람과 동물에게 어떠한 부상이나 사고 없이 활동을 무사히 마무리하는 것이다. 그러기 위해서는 동물매개중재를 할 수 있는 수준의 자격을 갖춘 사람이나, 동물매개중재에 경험이 많은 전문가의 감독하에 중재 훈련을 받은 사람이 수행해야 한다. 동물매개중재는 알맞게 검증된 기술을 사용하고 적용해야만 위험 요인이나 사고에 미리 대처하거나 이를 예방할 수 있다.

여기에서는 동물매개중재와 관련하여 전문가의 자격 요건, 중재 시 제공하는 정보, 대상자 선발, 중재 동물의 관리, 중재 동물의 특성 파악, 감염과 부상 예방, 준비 사항, 그리고 동물 보호와 복지를 위한 고려 사항에 대해 살펴보고자 한다.

1) 동물매개중재 전문가의 자격 요건

동물매개중재는 인간과 동물의 이해 및 동물매개중재 절차에 대한 깊은 이해가 전제되어야 한다. 이러한 지식은 대상에 따른 동물매개중재 효과의 가능성과 동물매개중재 기술을 중재 과정에 어떻게 적용하여 중재 목표를 달성할 것인가를 결정하는 데 중요한 역할을 하게 된다. 동물매개중재를 실시하기 위해서는 전문교육기관에서 체계적으로 교육을 받는 것이 가장 바람직하다. 우리나라는 동물매개중재에 대한 인지도와 전문인이 부족하여 체계적인 교육을 받는 과정이 제한되어 있지만, 추후 다양한 분야에서 지속적인 활동과 인식의 변화가 일어나면 좀 더 많은 교육기관에서 프로그램을 개발하고 운영하여 교육받을 수 있는 기회가 증가할 것으로 기대된다.

동물매개중재에 대해서 체계적으로 교육을 이수한 사람들이 동물매개중재를 하면 중재를 통한 치료적 성과 가능성이 증가하고, 발생 가능한 위험을 최소화할 수 있다. 위험을 최소화하기 위해서 동물매개중재 전문가들은 다음과 같은 자격 요건을 가져야 한다(Chandler, 2012).

첫째, 동물의 사회화 및 적절한 훈련을 제공할 수 있어야 한다.
둘째, 동물매개중재에 대한 교육과 훈련을 이수하여야 한다.
셋째, 특별한 대상에 대한 동물매개중재의 가능성에 대해서 평가할 수 있어야 한다.
넷째, 인수공통 전염병의 위험 관리, 부상 예방 및 대응 방법에 대해서 이해하고 실천할 수 있어야 한다.
다섯째, 동물매개중재의 목표를 설정하고 적용하는 데 전문성을 가져야 한다.
여섯째, 대상자의 변화에 대해서 평가할 수 있어야 한다.

2) 동물매개중재 시 제공 정보

동물매개중재 전문가는 동물매개중재를 시작하기 전에 중재 대상자 또는 중재 대상자의 보호자에게 중재 서비스에 대한 정보를 사전에 설명해 주어야 하며, 이때는 중재와 중재 동물에 대한 내용을 모두 포함해야 한다.

〈중재 제공 정보에 포함되어야 할 내용〉
○ 중재자의 자격에 관한 사항
○ 중재 서비스의 구체적인 사항
○ 중재에 참여하는 동물에 대한 사항(종류, 훈련 정도 및 자격 등)
○ 예약 방법 및 절차

○중재의 총 회기와 시간

○대상자와 동물매개중재자 사이의 관계성

○요금과 지불 방법

○비밀보호의 한계 및 고지 의무

○대상자와의 연락을 위한 정보(주소, 전화번호 등)

○중재의 위험 요소

○근무시간 이후의 비상 연락 방법

○아동의 각종 기록 사항과 정보의 권리 포기

○대상자와 동물매개중재자의 서명

3) 동물매개중재를 제공하기 위한 대상자 선발

모든 동물매개중재에 참여하기 전에 반드시 동물매개중재 적합성을 검사하여야 한다. 대상자 중에서 과거에 폭력이나 동물 학대 이력이 있는 경우에는 동물매개중재에서 그 대상자를 배제하는 것이 바람직하다. 혹 대상자가 과거에 동물 학대나 폭력을 행사한 적이 있다고 할지라도, 이들의 부정적 감정을 동물과의 긍정적인 공감과 감정이입 등으로 변화시키기 위하여 철저한 감독하에 동물매개중재 활동을 진행할 수도 있다.

또한 동물을 두려워하는 대상자는 동물과 함께하는 중재 활동에 참여하는 것이 부적합하다. 그러나 대상자가 동물에 대한 두려움을 극복하기 위하여 중재에 참여하고 싶어 한다면, 그 대상자를 위하여 특별한 동물매개중재 프로그램을 개발하여 운영할 수 있다.

동물매개중재를 할 때 대상자가 동물에 대한 알레르기가 발생할 가능성이 있으므로 사전에 물어봐야 한다. 만약 동물 알레르기가 심하거나 의약품으로 제어할 수 없다면 동물매개중재에 참여시키지 않는 것이 바람직하다.

4) 중재에 활용되는 동물의 관리

동물매개중재에 참여하는 동물은 중재 활동에 참여할 수 있는 자질이 있는지 주기적으로 평가할 필요가 있다. 즉, 중재 동물이 인간과 상호작용을 할 수 있을 만큼 충분히 건강하고 활기차고, 친절하고, 적극적이어서 문제가 없다는 것이 증명되어야 한다. 동물매개중재자는 중재에 참여하는 대상자와 동물에게 편안하고 안전한 환경을 제공해 주어야 한다. 중재를 하고 있는 중이라도 동물에게 휴식이 필요하다고 판단되면 동물이 편안하게 느낄 수 있는 공간을 제공하여 휴식을 취할 수 있도록 배려해야 한다.

중재 동물은 연속적으로 중재 활동에 참여하지 않도록 하여야 한다. 중재 동물이 얼마나 많은 시간을 대상자와 함께 활동할 수 있느냐는 동물의 종이나 특성에 따라 다르다. 특히 주의할 것은 중재에 참여하는 동물들은 대상자가 없는 곳에서 휴식을 취할 수 있도록 배려하여야 하며, 휴식을 취하는 동안 동물의 욕구를 파악하여 적절한 조치를 통해서 충족시켜 줘야 한다.

동물매개중재자는 중재에 참여하는 동물의 안전과 복지에 깊은 관심을 가져야 한다. 동물매개중재자는 다음과 같은 내용을 이해하고 실행할 수 있어야 한다.

첫째, 동물매개중재자는 중재에 참여하는 동물과 신뢰 관계를 유지하고 있어야 하며, 중재에 문제가 되지 않도록 동물을 건강하게 관리하여야 한다.

둘째, 동물매개중재자는 동물이 중재를 위한 보조 역할을 통해서 대상자를 건강하게 성장하거나 변화시킬 수 있도록 주도하는 능력이 있는지를 지속적으로 평가하여야 한다.

셋째, 중재에 참여하는 동물에게 편안하고 안전한 환경을 제공해 주어야 한다.

넷째, 동물의 스트레스, 불편함, 중재에 참여하고 싶지 않은 상황을 조기에 포착하여야 하며, 동물이 필요로 하는 것을 적절하게 제공해 주어야 한다.

다섯째, 중재 동물이 행동으로 표현하는 행동 언어에 대한 지식을 보유하여 상호 교감할 수 있어야 한다.

5) 중재에 활용되는 동물의 특성 파악

동물의 기본적인 행동 특성을 파악하는 것은 매우 중요하다. 동물은 스트레스를 받으면 사전에 행동 신호를 보낸다. 이때 스트레스 행동 신호는 반드시 환경적 요인과 함께 고려되어야 한다. 일단 스트레스 행동 신호가 감지되면 휴식을 취하도록 배려해 주어야 한다. 휴식을 하고난 이후에도 계속적으로 중재 활동 중에 스트레스 행동 신호를 보내면 동물을 통한 중재를 중지하여야 한다. 이후 동물매개중재자는 해당 동물의 행동 신호가 일시적인 이유인지, 아니면 지속 가능한 이유인지를 파악하여 적절한 조치를 취해야 한다.

스트레스를 해소시키기 위해 중재 활동 전후에 마사지를 해 주는 것은 효과적인 대안이 될 수 있다. 동물의 기분을 완화시키는 데 효과적인 방법으로 알려져 있는 마사지 방법은 '텔링턴 터치(Tellington touch)' 또는 'T-touch'다(Tellington-Jones, 2012). 이 마사지 방법은 말 전문가에 의해서 고안되었으며, 모든 종류의 동물에게 사용할 수 있는 방법으로 알려져 있다. 좀 더 자세히 알고 싶은 분은 http://www.ttouch.com을 참고하기 바란다.

6) 동물매개중재 활동 중 감염과 부상 예방

동물매개중재가 진행되고 있는 상황에서는 중재에 참여하는 동물이나 대상자가 부상을 당하지 않도록 예방하는 것이 매우 중요하다. 그러기 위해서는 다음과 같은 사항을 준수하여야 한다.

첫째, 중재에 참여하는 개는 목줄을 착용하여야 한다.

둘째, 작은 동물은 이동할 수 있는 작은 상자나 동물 우리가 있어야 한다.

셋째, 동물매개중재를 하는 훈련된 전문가는 중재 활동을 하는 동물을 통제하여야 하며, 중재 대상자와 동물의 상호작용을 지속적으로 감시해야 한다.

넷째, 중재에 참여하는 동물을 중재 대상자와 단둘이 있게 하거나 동물과 친숙하지 않은 직원들과 있게 해서는 안 된다.

다섯째, 중재에 참여하는 동물이 잠시 혼자 있어야 하는 상황에서는 동물 우리에서 편안하고 안전하게 있게 해 주어야 한다.

동물매개중재에 적합하도록 훈련된 동물들은 대상자에게 어떠한 부상이나 피해를 입힐 가능성은 거의 없다. 그러나 여러 가지 이유로 언제든지 문제가 발생할 수 있다는 것을 명심해야 한다. 따라서 동물매개중재에서 일어날 가능성이 있는 문제 요인에 대해서 사전에 철저히 예측하여 대응 방법을 수립해 두는 것이 중요하다. 일단 문제가 발생하면 중재 활동을 중지해야 하며, 중재 동물이 휴식을 취할 수 있도록 배려해 주어야 한다. 동물매개중재를 하는 사람은 항상 환경의 중요성을 인식하고, 안전한 환경이 구축되도록 노력해야 한다.

또 다른 중요한 요소는 인수공통 전염병이다. 인수공통 전염병은 사람과 동물 사이에서 발생할 수 있는 병을 의미한다. 이러한 위험 요소를 예방하기 위해서는 동물에게 주기적으로 백신을 접종하고, 기생충이 발생하지 않도록 항상 청결하게 관리하여 위험 요소를 최소화하여야 한다. 또한 중재 활동을 하는 동물이 아프거나 부상을 입으면 활동에 참여시키지 말고, 치료를 받으며 휴식을 취할 수 있도록 해야 한다. 그리고 동물의 배설물은 배설 후 즉시 치워야 한다. 중재할 때 동물의 털에 의하여 세균이 사람에게 옮겨질 수 있으므로 중재에 참여하는 대상자들은 중재 전후에 반드시 물로 손을 깨끗이 씻어야 한다. 만약 손을 씻을 수 없는 상황이면 손 세정제를 준비하여 닦을 수 있도록 해야 한다.

7) 동물매개중재를 위한 준비 사항

동물매개중재 활동이 시작되기 전에 중재에 참여하는 동물들은 전반적인 관리 상태를 점검하여 활동할 준비가 되어 있는지 확인하여야 한다. 개와 고양이는 발톱을 확인하여 사전에 발톱을 정돈하고, 끝을 부드럽게 다듬어 주어야 한다. 활동 중 발생할 수 있는 부상에 대비하여 중재 동물을 위한 구급상자를 반드시 준비하여야 한다.

중재 동물을 위한 구급상자에는 배변 봉투, 종이 수건, 세정제, 붕대, 소독제, 그리고 지혈제 등이 포함되어 있어야 한다. 중재 동물에게 물을 줄 때는 생수나 평소에 먹는 물이 적절하다. 중재 동물을 위한 용품 보관 상자를 별도로 준비하여 장난감, 개껌, 빗, 털 제거제, 손 세정제, 기타 활용에 필요한 용품을 함께 보관하면 사용이 편리하고 안전하다. 동물전용 빗은 대상자가 안전하게 동물에게 빗질을 해 줄 수 있기 때문에 필요할 수도 있다. 목줄과 리드줄은 활동 중 손상될 수 있기 때문에 여분을 준비하는 것이 좋다. 목줄과 리드줄은 금속이 아니라 가죽, 천, 또는 나일론과 같은 재질로 만들어진 것을 사용하여야 한다. 털 제거제는 활동 후 동물의 털이 대상자의 옷에 묻어 있는 경우에 제거하기 위해 준비하고, 활동 전후에 손을 닦을 장소가 없는 경우를 대비해서 대상자들이 손을 씻을 수 있도록 손 세정제를 준비하는 것이 바람직하다.

8) 동물 보호와 복지를 위한 고려 사항

동물매개중재를 하는 사람들은 동물 보호와 복지를 위해서 다음 사항을 고려해야 한다.

동물매개중재에 활용할 수 있는 동물은 가축화된 동물로 제한해야 하며, 중재 활동 시간에는 안전을 위하여 반드시 지속적으로 감독해야 한다. 또한 충분한 휴식을 취할 수 있게 해 줘야 하고, 적절히 보살펴 주어야 한다. 중재에 참여하는 동물의 책임자는 숙달된 훈련기술을 가지고 있어야 하며, 동물 복지와 위험 관리에 대한 이해를 토대로 적절히 대처할 수 있어야 한다. Preziosi(1997)는 동물매개중재에 참여하는 중재 동물의 복지에 관하여 고려할 사항을 다음과 같이 제시하였다.

첫째, 중재 동물의 복지가 가장 우선순위가 되어야 한다.

둘째, 중재 동물에게 중재 활동을 하도록 강요하지 말아야 한다.

셋째, 중재 환경에서 중재 동물에게 하고 싶지 않은 행동을 하도록 강요하지 말아야 한다.

넷째, 중재자는 중재 동물이 편안해하는지를 판단할 수 있어야 하며, 동물이 불편해하는 상태를 방치해서는 안 된다.

다섯째, 중재 동물로 하여금 중재가 시작되기 전에 주위 환경에 적응할 수 있도록 해야 한다.

여섯째, 동물이 참여하는 활동은 중재 동물이 즐거워하고 안전이 보장되는 것이어야 한다.

일곱째, 중재 동물은 휴식을 취할 수 있는 장소와 시간이 보장되어야 한다.

여덟째, 중재자는 회기가 진행되는 동안 항상 중재 동물과 함께 있어야
　　하며, 모든 행동을 지켜볼 수 있도록 시야 내에 있어야 한다.

아홉째, 중재자는 중재 동물이 안전하게 활동할 수 있도록 환경을 구축
　　해야 한다.

열째, 대상자가 중재에 참여하는 동물에게 먹이를 주고자 할 때는 반드
　　시 중재자의 허락과 감독을 받아야 한다.

열한째, 중재 동물에게 전이될 수 있는 질병을 가지고 있는 대상자는
　　중재 동물과 접촉하지 않도록 해야 한다.

열두째, 중재자는 중재 동물에게 백신 및 예방접종 등 건강관리를 위한
　　적절한 조치를 취해야 한다.

열셋째, 중재자는 중재 동물의 행동, 특성과 기질을 이해하고 존중해
　　주어야 한다.

제 **2** 장
⋮
아동 발달과 동물매개중재

1. 동물과 아동 발달

　1984년 발달심리학자인 제이 벨스키는 아동의 발달에 영향을 줄 수 있는 변인을 설명하기 위하여 그 과정을 모델화하였다(Belsky, 1984). 벨스키에 의하면, 아동의 발달에 영향을 주는 변인으로, 첫째, 아동의 특성, 둘째, 부모의 개인적인 심리적 자원, 셋째, 스트레스와 지원의 맥락적 원천과 같이 크게 세 가지 영역이다. 그는 이 세 가지 영역이 상호 간에 영향을 미치면서 교류한다고 하였다. '아동의 특성'은 유전적으로 결정된 요소이며, 다른 변인에 비해 상대적으로 안정적이어서 다른 것에 영향을 거의 받지 않는다. '부모의 개인적인 심리적 자원'에서는 부모 각 개인의 인격과 직업, 부부관계, 양육 유형이 아동의 발달에 중요한 영향을 미친다. '스트레스와 지원의 맥락적 원천'에서는 사회적 교류망(social network)과

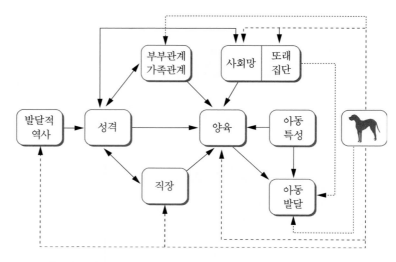

[그림 2-1] 아동 발달에 영향을 미치는 요인과 반려견의 영향 모델

또래 집단이 아동 발달에 중요하다. [그림 2-1]과 같이 아동 발달에 영향을 주는 세 가지 영역에서 아동의 특성을 제외한 모든 부분에서 동물이 직간접적으로 아동 발달에 도움을 줄 수 있다(Endenburg & van Lith, 2010).

앞에서 설명한 바와 같이, 아동의 발달에 간접적으로 영향을 미치는 반려견[1]을 통해 아동을 대상으로 동물매개중재를 할 때는 다음과 같은 사항을 고려해야 한다.

첫째, 아동이 요구하는 동물을 배정해야 한다. 모든 동물이 자격이 있고 동물로 인한 스트레스가 없는 상황을 가정한다면, 어떤 특정 동물이 특정한 아동이나 가족과의 상호작용에서 좋고 나쁜 선택인지는 동물의 기질, 활동 수준, 크기 등에 의해 좌우된다. 동물

---

1) '반려동물'이라는 용어는 사람과 더불어 사는 동물로, 동물이 인간에게 주는 여러 혜택을 존중하여 1983년 오스트리아 빈에서 열린 인간과 동물의 관계를 주제로 한 심포지엄에서 처음 사용되었다. 여기서는 반려동물의 하위 범주로 '반려견'이라는 용어를 사용한다.

매개중재의 치료적 효과를 극대화한다는 관점에서 동물과 환자를 매치시키는 일은 매우 중요한 일이지만, 또한 결코 쉬운 일은 아니다.

둘째, 아동의 치료적 목표와 동물 경험을 통합해야 한다. 관계 및 자아심리학에 의하면, 아동의 자아와 모든 사고, 정서는 타인과의 관계를 통해서 형성된다고 한다. 즉, 인간과 인간 사이의 경험 속에서 응집되고 균형 있는 자아상을 위해 '필요한 큰 틀(Building Block)'을 만들어 간다(Wolf, 1994). 이것은 오직 사람만이 이러한 관계를 제공해 줄 수 있다고 가정하였으나, 많은 인간과 동물의 상호작용에 관한 연구에서 대부분의 아동이 자신의 반려동물과의 관계에서 이러한 '필요한 큰 틀'을 만든다는 것을 알아냈다(Melson, 2001). 그러므로 '자아 대상' 경험의 범위는 인간과 인간 사이의 유대만이 아니라 다른 종도 포함되는 것이 마땅하다고 할 수 있다. 중요한 것은 자아에 기여하는 것이 상호작용이나 접촉이 아니라 단지 관계성이라는 것이다.

　　그러므로 아동은 자아에 필요한 소재를 활성화할 수 있게 되기 전에, 특별히 개별적인 동물과 지속적인 관계를 발전시킬 필요가 있다. 주의할 것은 동물과의 접촉 시간이 제한될수록, 참여하는 동물이 계속 바뀔수록 아동 자아에 필요한 소재가 나타나는 것이 줄어든다는 것이다. 일부 '자아 대상' 경험은 인간에게 반응을 가장 잘 보이는 개와 같은 동물에게서 더 용이하게 이루어진다. 또한 인간은 사람보다는 동물과 함께 있을 때 '자아 대상' 경험을 형성하기 용이하다. 동물은 양육자와 피양육자와의 상호작용을 재연하고 경험하는 데 적합하기 때문에, 동물매개중재는 아동으로 하여금 무시나 학대, 버림의 느낌 등의 문제를 조사하기에 적합하다고 할 수 있다.

셋째, 치료사, 아동, 동물의 복잡한 역동을 이해해야 한다. 생태심리학
의 기본 원리는 단일 맥락 내의 모든 요소와 관계가 '역동적 시스
템'이라는 것을 통해서 상호작용한다는 것이다. 이러한 관점에서
볼 때 부모의 양육을 받고 있는 한 아동의 관계성은 엄마 아빠와
의 유대, 형제자매와의 유대, 다른 부모와 아동과의 관계에 의해
서 영향을 받게 되므로 가족치료는 모든 가족 구성원이 함께 참
여하도록 해야 한다. 지금까지 대부분의 치료사는 구성원을 인간
으로 한정하여 왔다. 그러나 많은 가정에서 반려동물을 기르고
있고 아동의 삶에서 동물이 중요하며, 동물이 사회적 지지 기능을
한다는 여러 연구 결과가 존재하기 때문에 동물을 가족 구성원으
로 고려할 필요가 있다. 여기에서 반려동물인 애완용 쥐나 고양이
를 가족이라고 생각하라는 의미는 아니며, 말할 수 있는 사람만으
로 가족을 제한하지는 않아야 한다는 것이다. 즉, 반려동물을 포
함하여 다양한 역동을 고려할 필요가 있음을 의미한다.

넷째, 가정에 있는 동물들과 다른 가족 구성원의 역할을 조사해야 한
다. 가족 시스템 관점에서 가족 시스템의 일부로서 반려동물이
나 다른 동물을 고려해야 한다. 가능하고 적절한 곳에서 가정을
관찰하는 것은 치료적 해석을 위해서 고착된 유형을 확인할 수
있도록 도와준다. 치료실에 있는 동물이 가정에서 기르는 동물
과 유사하다면, 이 동물은 가정에서 기르는 반려동물과 다른 가
족 구성원을 연관할 수 있는 계기가 될 수 있다. 또한 아동이 제
공하는 가정 내에서의 동물에 관한 이야기는 다른 가족 구성원과
의 관계나 가정의 분위기에 관한 정보를 얻을 수 있게 해 준다.
이러한 접근은 치료 시 가정 안에서의 맥락을 고려하지 않고, 단
지 아동만을 고려하는 잘못을 예방할 수 있도록 도와준다.

다섯째, 아동의 공격성이나 동물에 대한 유해에 대한 잠재성에 민감해

야 한다. 아동의 공격성은 참여하는 동물에게 스트레스를 줄 수 있기 때문에, 아동과 동물 모두에게 위험한 순간을 초래할 수 있다. 따라서 중재자는 동물의 초기 스트레스 신호를 알아낼 수 있도록 노력해야 한다. 이런 경우, 중재자는 유사 동물이나 다른 치료 방법에 대한 대안을 강구해야 한다.

여섯째, 적절한 동물 대리물(인형, 책, 이야기, 장난감, 박제동물, 예술품 등)을 포함하여, 아동으로 하여금 광범위하게 동물을 경험하도록 고려해야 한다. 동물은 인간의 방어 체제 아래에 있기 때문에 치료적 장면에서 동물의 존재는 한 개인이나 가정에 잠재해 있는 문제의 창을 열 수 있도록 도와준다. 일부 아동에게는 살아 있는 동물이 적절한 치료적 선택이 될 수 있지만, 어떤 아동에게는 스토리텔링이나 인형놀이, 동물 그림이 좋은 대안이 될 수도 있다.

일곱째, 항상 동물복지와 아동복지를 최우선으로 고려해야 한다. 동물복지는 좋은 의료적 보살핌, 적절한 훈련, 보조 동물로서의 자격과 같은 문제로 확보되거나 제한되는 것은 아니다. 더욱이 중재에 참여하는 동물이 심한 스트레스를 받은 사람과 지속적으로 접촉하면, 스트레스 위험 상태에 놓일 수 있고 모든 자원이 소진될 수 있다. 이것은 동물매개중재에 참여하는 동물을 위험하게 만든다.

여덟째, 문화적 태도와 아동에 대한 가족사를 고려해야 한다. 일부 아동과 가족 구성원들은 동물에게 반응을 하지 않고, 동물과 부정적 경험을 가지고 있으며, 동물을 두려워할 수 있다. 이 경우 동물이나 특정한 동물 종에 대한 접근을 피할 수 있도록 동물을 사람보다 약간 낮은 곳에 있게 하는 것이 좋은 대안이 될 수 있다. 반면, 동물에 대한 긍정적 성향을 가지고 동물매개중재에 참여하는 사람들은 치료에 더 잘 반응할 것이며, 좋은 성과를 거두게 될 것이다.

아홉째, 동물매개중재를 하지 말아야 할 아동이 있는지, 혹은 특별히 도움을 줄 수 있는 아동이 있는지를 고려해야 한다.

2. 아동의 정서 발달과 동물매개중재

1) 반려동물의 존재만으로 스트레스를 감소시키고 안정감을 준다

사회생물학자인 에드워드 윌슨은 동물이 생리학적으로 흥분을 가라앉히는 효과를 가져올 수 있고, 가능하게 할 수 있다는 '생명존중가설(bio-philia hypothesis)'을 소개하였다(안소연, 2010). '생명존중가설'이란 인간이 생존하기 위해 필요한 의(衣)·식(食)을 위해서 동식물의 필요성과 동물을 통한 안전 상태의 유무를 확인하는 습관이 인간의 오랜 역사를 통해 유전적으로 내려오면서 아동들이 반려동물이나 공룡 또는 자연 등을 보면 애착과 관심을 갖게 된다는 것이다(Melson & Fine, 2010). 이러한 유전적 특징을 동물매개중재에 활용하는 것이다.

가정에서 반려동물을 기르는 것은 이러한 인간의 진화적 역사와 연결되어 심리적 복지를 향상시킬 수 있다(Gunter, 1999). 동물을 기르는 것이 스트레스가 쌓일 때 불안을 감소시키며(Friedmann, 1995), 반려견과 함께 있을 때 불안에 관한 심장혈관, 행동적·심리적 수치를 감소시킨다는 연구도 상당수 있다(Friedmann, Katcher, Thomas, Lynch, & Messent, 1983; Wilson, 1991).

Friedmann과 동료들(1983)은 아동이 휴식을 취하고 있을 때와 큰소리로 책을 읽어야 하는 약간의 스트레스가 있는 과제를 수행하는 동안, 친근한 개가 옆에 있을 때 아동의 혈압에 어떤 영향을 미치는지를 연구하였다. 실험에 참가한 모든 아동은 개가 있는 상황과 없는 상황에서 휴식과

책 읽기를 수행하였다. 그 결과, 동물이 옆에 있을 때 휴식과 책 읽기 두 가지 모든 상황에서 아동의 혈압이 낮아지는 것을 확인하였다. 이러한 연구 결과는 스트레스 상황에 있는 아동 주위에 동물이 있으면 스트레스를 줄일 수 있다는 것을 의미한다. 다시 말하면, 동물과의 상호작용은 조용히 책을 읽는 것과 같은 이완 활동과 유사하여 불안 감소 효과를 가져온다는 것이다.

동물을 바라봄으로써 불안 감소 효과를 얻을 수 있는 또 다른 경우는 수족관을 바라봄으로써 나타나는 '안정 효과(calming effects)'에서 찾을 수 있다. 수족관에서 물고기를 관찰하는 것만으로도 스트레스 감소 효과가 있다(Katcher, Friedmann, Beck, & Lynch, 1983). 동일한 부교감신경 효과가 사람들이 신뢰하는 다른 종의 동물을 관찰하는 것에서도 확인되었다. 많은 병원 대기실에 수족관이 설치되어 있는데, 이는 진료나 수술을 받으려고 기다리는 환자나 수술 결과를 기다리는 보호자가 겪을 스트레스 상황에서 수족관을 바라보는 것만으로도 혈압과 심장 박동을 줄이는데 효과가 있기 때문이다(Beck & Katcher, 1996; Katcher, Segal, & Beck, 1984).

또한 Katcher, Friedmann, Beack, 그리고 Lynch(1983)는 동물과 혈압의 관계를 알아보기 위해 세 가지 상황, 즉 열대어가 들어 있는 수족관 바라보기, 텅 빈 벽면을 바라보기, 큰 소리로 책 읽기(중간 정도의 스트레스 과제 수행)와 같이 설정하고, 각 상황에서 스트레스의 생리적 척도인 혈압의 변화를 연구하였다. 그 결과, 열대어가 들어 있는 수족관을 바라보는 상황에서 참가자들의 혈압이 낮아지면서 이완 상태가 되었다. 또한 고혈압이 있는 참가자의 경우에는 수족관 바라보기를 통해서 혈압이 정상 수준으로 내려간 것을 확인할 수 있었다. 이러한 결과는 동물과의 친밀 정도나 유대 깊이와 관계없이 동물을 바라보는 것만으로도 불안이나 긴장을 감소시킬 수 있다는 주장을 뒷받침한다.

한편, 반려동물과의 상호작용은 부교감신경 활동의 증가와 관련이 있다(Matsuura, Nagai, Funatsu, Yamazaki, & Hodate, 2007). 면역 기능의 향상과 관련된 타액 아밀라제 활동 수준이 증가된다. 유아와 아동 간호하기, 쓰다듬기, 어루만지기, 성인 간의 안마와 같은 인간 사이의 긍정적 신체접촉은 시상하부에서 생성되는 호르몬 옥시토신의 분비를 촉진한다(Uvnäs-Moberg, 1998). 옥시토신의 일반적인 효과는 긴장된 상태를 완화시키고 스트레스 수준을 감소시키는 것이며, 긍정적인 사회적 상호작용의 원인과 결과 모두를 조정한다.

또한 옥시토신은 사람들의 심리적 상태나 표상에 좌우될 수 있다. 다시 말해 인간이 반려동물과 상호작용하는 동안 긴장된 상태를 완화시키고 스트레스 수준을 감소시키는 호르몬 옥시토신의 분비가 증가된다는 것을 알 수 있다(Handlin, 2010; Miller, Kennedy, Devoe, Hickey, Nelson, & Kogan, 2009; Odendaal & Meintjes, 2003).

미국과 캐나다에서 19~82세 성인 975명을 대상으로 한 설문조사에 의하면, 정서적으로 고통스러울 때 엄마, 아빠, 형제, 자매, 친한 친구, 아이들보다 자신이 기르는 반려견에게 좀 더 의지하려고 한다는 결과가 나왔다(Kurdek, 2009).

2) 반려동물은 아동의 유대와 애착 형성을 도와준다

아동기 애착 형성의 중요성

유대는 가까운 친구 사이, 부모와 자녀 사이에 발달하는 애착을 형성하는 과정이다(Bowlby, 1990). 애착은 오랜 기간 유지되는 유대를 의미한다. 애착은 아동과 규칙적으로 상호작용을 하는 한 명 이상의 특별한 사람 사이의 상대적으로 지속적인 정서적 관계를 말한다(Ainsworth, Blehar, Waters, & Wall, 1978). 또한 삶의 스트레스 요인에 대해서 더 잘 대처할 수 있는 것으로 여기는 안전기지 역할을 하며, 다른 사람에 대한 접근을 유지하거나 어떤 특정인을 찾는 행동의 형태로 나타난다(Bowlby, 1982).

　뇌과학의 발달로 우반구가 정서 처리의 중심이 되는 대뇌변계와 깊은 관련이 있다는 것을 알게 되면서, 뇌와 정서에 관한 연구가 비약적으로 발전하고 있다. 신경생리적으로 인간의 뇌는 임신 28주에서 생후 24개월까지 급성장한다. 이 시기에 주어진 중요한 조건이나 자극 같은 긍정적인 환경은 뇌 발달에 영향을 미치게 된다. 특히 영양 부족과 같은 부정적 환경에 대해서는 더욱 민감하게 영향을 준다(Schore, 2001a). 이 시기에 적절한 환경을 제공해 주지 못하면, 아동은 정서와 관련된 구조를 우반구에 구성하는 데 어려움을 겪을 수 있다(Siegel, 1999). 유아는 주 양육자인 어머니와 지속적인 상호작용을 통해서 스트레스에 대처하는 능력을 습득한다(Bowlby, 1969).

　Spierer, Griffiths와 Sterland(2009)에 의하면, 사람들이 스트레스를 경험하면 직면하거나 회피하는 두 가지의 반응을 보이게 된다고 한다. 이러한 반응은 초기 교감신경계가 활성화되어 몸 전체의 반응을 유발하며, 각성 수준을 높이기 위해서 아드레날린이나 노르아드레날린이 분비되고, 혈액은 내부 기관과 피부에서 골격근으로 우회하고 심박동수와 호흡률이 증가하게 된다. 이러한 변화들은 스트레스 상황에서 효과적으로 반응하기 위하여 짧은 시간 동안 많은 에너지를 사용할 수 있도록 해 준다. 불완전한 애착으로 인하여 마음이 구조화되지 못한 아동들은 이러한 스트레스 상황에서 자신의 정서를 조절할 수 있는 능력이 떨어져 어느 하나의 반응에 대해서 오랜 시간 동안 조절하지 못하고 반응을 부정적으로 유지하게 된다.

애착과 양육자와의 관계 및 동물의 도움

애착 과정에서 가장 중요한 것은 '조절'인데(Schore, 2001a; Schore &

Schore, 2008), 건강한 양육자는 유아의 정서 혼란을 지속적인 상호작용을 통해서 유아의 조절 시스템을 발달시키고 확장하는 데 도움을 준다(Schore, 2001a; 2009). 그러나 학대를 하거나 애착이 부족한 양육자와 같은 건강하지 못한 양육자의 양육은, 건강한 양육자처럼 적절한 상호작용을 제공하지 못하기 때문에 유아는 부정적 정서 상태를 오랫동안 유지하게 되어 뇌 발달에 중요한 변화를 동반하게 된다(Schore, 2001b; 2009). 또한 이러한 불안정한 애착으로 인한 대뇌 변연계의 변화는 갑작스러운 환경 변화에 적응하거나 새로운 것을 습득하여 구성하는 데 어려움을 겪게 한다.

심리적으로 유아와 양육자의 관계가 조화로우면 아동은 안정적인 애착을 형성하게 되고, 건강한 자아개념을 발달시키게 된다. 그러나 이러한 조화가 균형을 이루지 못하면, 아동은 불안정하고 부정적인 애착 유형을 발달시키게 된다(Wallin, 2007). 애착이 불안정하게 형성된 아동은 선형적이고 논리적이며, 주로 언어적인 좌반구를 활용하여 의사소통을 하는데, 이러한 좌뇌 중심의 의사소통은 타인의 비언어적 의사를 읽는 능력과 타인의 정서 표현에 대한 이해 능력이 현저히 결핍되어 있다. 그러나 다행인 것은 뇌의 역동성에 의해 새로운 인간관계를 통한 다른 애착이 형성되면 새로운 표상 과정을 형성할 수 있다는 점이다(Siegel, 1999). 다시 말해, 반려견이 일차적으로 동물과 인간의 유대를 통해서 건강한 애착 경험을 할 수 있도록 도움을 줄 수 있다는 것이다.

🐶 동물로 인한 애착 형성

많은 사람은 친구와 가족에게서 경험했던 것과 유사하게 반려동물에게 애착을 가진다(Katcher & Beck, 1989). 아동기나 청소년기에 반려동물을 길렀던 사람은 처음 기르는 사람보다 현재의 반려동물에 더 많은 애착을 보이며(Kidd & Kidd, 1980), 좋아하는 반려동물로 개를 지목한 사람은 고양이를 지목한 사람에 비해 더 강한 애착을 표현하는 경향이 있다

(Johnson, Garrity, & Stallones, 1992). 반려동물에 대한 아동의 애착은 양육 갈등이 있을 때 완충 역할을 한다(Strand, 2004).

일반적으로 반려동물은 의도적인 행동을 보이고, 적극적인 애정 표현을 하며, 항상 일관성 있게 행동하고, 인간에게 부족할 수 있는 특정 특성에 대해서 전달 수단으로 활용할 수 있기 때문에 애착을 형성해야 할 대상 인물에게 좋은 중간자적 존재가 된다(Katcher, 2000).

Crawford, Worsham과 Swinehart(2006)는 기존의 인간과 인간의 애착이론과 인간과 동물의 애착이론 간에 세 가지 공통된 개념이 존재한다고 제안하였다.

첫째, '정서적 유대'는 친밀감과 연관되어 있다. 즉, 동물을 어루만지 거나 안고 있을 때의 정서적 유대나 반려동물과의 관계에서 생겨 나는 편안함과 연관된다(Enders-Slegers, 2000). Odendaal(2000) 은 인간과 동물의 상호작용의 성공은 관심 요구의 양방향적 이행 을 기반으로 한다고 하였다. 즉, 동물이 보여 주는 사회적 행동이 많을수록 인간과 동물 간의 유대는 더욱 성공적일 수 있다는 것 이다.

둘째, '안전기지'는 애착이론 분야의 기본을 이루는 개념으로(Bowlby, 1988), 반려동물과의 관계에서 느끼는 정서적 안정은 애착이론 에서 논의된 것처럼 신체적이면서 정서적 안정이 동시에 이루어 질 수 있다(Triebenbacher, 1998).

셋째, 한 인간의 애착에 대한 '표상 모델'은 스트레스 상황을 다루는 한 개인의 능력에 영향을 미친다(Bretherton, 1985). 전통적인 애착이 론과 유사하게, 반려동물과의 개인적인 관계는 스트레스 상황에 얼마나 잘 대처하느냐에 의해 좌우될 수 있다(Siegel, 1990).

인간과 인간의 애착이론과 인간과 동물의 애착이론에서 정서적

유대, 안전기지, 표상 모델의 공통된 개념이 확인됨으로써 중간
자적 대상으로서의 동물은 애착 인물보다 더 치료적으로 바람직
하게 활용될 수 있다고 하였다(Katcher & Wilkins, 2000; Kruger &
Serpell, 2006).

3) 반려동물은 자존감 향상에 도움을 준다

자존감은 한 개인의 전체적인 평가나 자신의 가치에 대한 인정을 의미
한다(Rosenberg, 1963). 교실에서 반려동물의 존재가 아동의 자존감에 미
치는 효과를 알아보는 9개월의 연구 결과, 아동의 자존감 점수가 유의미
하게 증가되었다(Bergesen, 1989). 반려동물을 소유하고, 함께 생활하고
있는 십대들이 그렇지 않은 십대들에 비해서 자존감 척도에서 더 높은 점
수를 얻었다(Covert, Whiren, Keith, & Nelson, 1985). 치료 회기 동안, 말
(horse)과 상호작용을 한 아동들이 말(horse) 없이 치료를 받은 아동보다
자존감 척도에서 점수가 크게 증가했다(Dismuke, 1984). 또한 동물을 데
리고 하는 실제 학습과 자연 생태 시스템과 연합된 프로그램에 참여한 청
년들이 정규학교 프로그램에 참여한 청년보다 자아개념의 척도에서 좀
더 높은 점수를 얻었다(Katcher & Wilkins, 2000).

자아존중감을 비롯하여 다양한 정서를 고양시킨 하나의 실험 연구를
보면, 과거 부모로부터 학대를 받았고 동물을 학대했던 경험이 있는 7명
의 청소년을 대상으로 한 동물매개중재 연구에서 동물과의 유대가 유의
미하게 증가하였으며, 부가적으로 개의 존재는 행복감, 안전감, 자아존중
감을 증가시키고 외로움, 고립감, 스트레스를 감소시켰다(Hanselman,
2001).

3. 아동의 사회성 발달과 동물매개중재

'사회적 지지'는 보살핌과 사랑과 존중을 받을 수 있다고 믿는 사람과 상호 의무 체계 속에 존재하는 구성원으로 이루어진 사람 간의 관계를 의미한다(Cobb, 1976). 반려동물로부터의 사회적 지지는 인간에게서 얻는 지지의 부족한 부분을 대신하고, 인간 사이의 지지 관계 의무를 덜어 주며, 재구성을 강화하고 일상을 재조정하며 기존의 인간 지지를 보충할 수 있도록 해 준다(McNicholas & Collis, 2006).

또한 반려동물은 사람 간의 사회적 상호작용을 강화하고, 아동에게 사회적 망과 사회적 복지 제공을 증가시키거나 강화하며, 아동의 심리적 복지를 증가시킨다(McNicholas & Collis, 2001). 사회적 지지와 관련하여 반려동물에게서 얻는 심리적·사회적·행동적·물리적 유익에 관한 연구에서, 반려동물과의 빈번한 연합은 스트레스 환경에서 완충 요소로써 모두에게 이롭다고 한다(Garrity & Stallones, 1998).

1) 반려동물은 아동의 사회적 역량 발달에 도움을 준다

'사회적 역량'이란 사회적·정서적·지적 기술과 사회의 구성원으로서 성공하기 위해 필요한 능력과 행동을 소유한 상태를 의미한다(Owens & Johnston-Rodriguez, 2010). 이러한 사회적 역량은 아동이 사회적 망에 좀 더 쉽게 소속될 수 있도록 만들어 준다(Heinrichs, Baumgartner, Kirschbaum, & Ehlert, 2003).

'사회적 망'은 아동에게 다양한 질병과 스트레스를 이겨 낼 수 있는 완충 역할을 한다. 일반적으로 가정에서 반려견과 함께 성장한 아동은 더 많은 사회적 역량을 보이고, 다른 아동보다 사회적으로 더욱 역량 있는 성인으로 발달할 가능성이 높다(Endenburg & Baarda, 1995; Guttman, Predovic, & Zemanek, 1985; Melson, 1998; Melson & Fogel, 1989; Melson, Sparks, & Peet, 1989).

사회적 역량 발달 측면에서 보면, 반려동물을 단순히 소유하는 것보다는 반려동물과 형성하는 유대가 매우 중요하다(Poresky, Hendrix, Mosier, & Samuelson, 1987). 자신의 반려동물과 강한 유대 혹은 밀접한 관계를 가지고 있는 아동이 반려동물과 약한 관계를 가지고 있는 아동(Poresky, 1990; 1996; Vidovic, Stetic, & Bratko, 1999), 그리고 반려동물이 없는 아동보다(Vidovic, Stetic, & Bratko, 1999) 공감 척도에서 더 높은 점수를 얻었다.

2) 반려동물은 아동의 공감 능력 발달에 도움을 준다

아동의 사회성 발달에 중요한 요소는 다른 사람에게 지각되는 정서를 느끼고 경험하는 공감 능력이다. 동물의 요구를 인식하는 동물과의 공감 경험은 사람에게 그 효과가 전이된다(Ascione, 1992). 반려동물을 소유한 아동이 그렇지 않은 아동에 비해서, 의사소통을 잠재적으로 좀 더 좋게할 수 있는 비언어적 정보의 해석 능력에서 많은 향상을 보였다(Guttman, 1984).

반려동물을 소유한 아동이 그렇지 않은 아동에 비해서 공감 척도에서 더 높은 점수를 얻는 경향이 있다(Ascione & Weber, 1996; Bryant, 1986; Melson & Fogel, 1989; Paul, 2000). 또한 자신의 반려동물과 애착이 부족한 아동에 비해서 반려동물과 강한 애착이 있는 아동이 공감과 친사회적 행동 척도에서 높은 점수를 얻었으며, 좀 더 호의적인 방법으로 가족 분위기를 형성하였다(Daly & Morton, 2006).

3) 반려동물은 아동의 사회성 발달을 위한 도우미 역할을 한다

사회적 접촉은 개와 함께 걸을 때 향상될 수 있다(Wells, 2004). 공원에서 개와 함께 산책한 사람들이 개 없이 산책하는 사람보다 다른 사람들과 더 많은 대화 기회를 경험하며, 개가 있을 때 다른 사람과의 대화가 훨씬 오랫동안 지속된다(Messent, 1983). 즉, 개의 존재는 대화의 중립적이고 안전한 시작을 제공하는 아이스 브레이커와 같은 역할을 한다. Eddy, Hart와 Boltz(1988)는 휠체어를 탄 사람을 쇼핑몰이나 대학 캠퍼스 같이 사람들이 많은 복잡한 장소에 있게 하고, 혼자 있을 때와 장애인 도우미견[2]과 함께 있을 때 어떠한 일이 일어나는지 실험하였다(Eddy, Hart, & Boltz, 1988). 관찰자는 근처에 숨어서 지나가는 행인들이 휠체어를 탄 사람에게 어떻게 접근하는지, 또한 얼마나 많이 접근하는지를 기록하였다. 그 결과 장애인 도우미견과 함께 있을 때, 미소와 대화와 같은 긍정적인 사회적 접촉이 더 많아지는 것을 알 수 있었다. 이는 사람이 동물과 함께 있을 때 동물의 사회화 능력으로 인해, 사회적인 고립을 감소할 수 있도록 도와준다는 것을 의미한다. 학교나 대중교통 수단에서, 아동을 데리고 다니는 일상생활에서 개를 동반하면 사람들과 더 많은 대화를 할 수 있게 된다(McNicholas & Collis, 2000).

이와 같이 동물은 사람들 사이의 의사소통을 촉진하거나 중재할 수 있다. 동물은 자신의 존재 자체로 혹은 즉흥적인 행동을 사람들에게 보임으로써, 관심을 집중시킬 수 있으며, 중립적이면서 외부적인 주제를 제공하여 대화를 촉진한다(Fine, 2000; Levinson, 1962). 또한 일반적으로 반려동물과 함께 성장한 아동은 자존감, 공감, 책임감에서 더 높은 수준을 보이

---

2) 장애인을 도울 수 있도록 특별히 훈련된 개를 의미하며, 시각장애인 도우미견, 청각장애인 도우미견, 지체장애인 도우미견 등이 있다.

며, 반려동물과 함께 성장하지 않은 아동보다 사회적으로 좀 더 역량 있는 성인으로 발전한다(Endenburg & Baarda, 1995).

한편, 사회적 지지는 한 개인의 자아존중감과 자기통제감을 형성해 주는 정신건강 유지의 중요한 부분으로, 스트레스 반응이나 질환에 저항하는 완충기 역할을 한다. 또한 사회적 지지는 인간관계만이 아니라 인간과 동물의 관계에서도 얻을 수 있다. 반려동물로부터의 사회적 지지는 인간 지지의 부족한 부분을 대신하고, 인간 지지의 관계적 의무감을 덜어 주고, 일상을 재정립하고 재구성하는데 도움을 주며, 기존의 인간 지지를 보충할 수 있도록 해 준다(McNicholas & Collis, 2006). 또한 반려동물과의 잦은 접촉은 스트레스 환경에서 완충 역할을 함으로써 모두에게 이로움을 준다(Garrity & Stallones, 1998).

이외에도 사회적 상호작용과 관련하여 Kogan, Granger, Fitchett, Helmer와 Young(1999)은 연구를 통해 정서장애가 있는 남아 2명을 대상으로 한 동물매개중재에서 긍정적인 언어 사용이 증가하고, 주의산만이 감소하고, 사람과의 눈맞춤이 증가하였으며, 사람과의 대화에서 목소리 크기의 적절성이 향상되었고, 자신과 환경의 통제력이 증가된다는 것을 증명했다.

4. 아동의 인지 발달과 동물매개중재

인지이론에 의하면 사람의 정서 반응은 자신이 외부 자극이나 사건을 어떻게 지각하느냐에 따라 달라지는데, 왜곡된 사고는 자동적 사고의 특성을 가지고 있어서 반사적으로 떠오르며, 다른 사람에게는 그렇지 않은데 자신에게는 마치 그럴듯하게 보이게 된다. 이러한 사고는 자동적이기 때문에 개선되는 데에 어려움이 있다(Patterson, 1986). 신경생리적·심리적(정신적)·인지적 특성들은 한 영역의 발달이 다른 영역에 영향을 주기 때문에 함께 연결되어 있다. 정서적 장애나 문제를 가지고 있는 아동에게 동물매개치료는 부정적으로 형성된 일련의 자동적 사고를 깨트리고, 좀 더 건강한 애착과 자아개념을 발달시킬 수 있도록 돕는 것이다.

1) 동물의 존재는 상황에 대한 인지를 변화시킬 수 있다

아동의 인지는 위협적인 상황보다는 편하고 안전한 상황에서 더욱 발달되고 그 능력을 잘 발휘하게 한다. 동물이 아동으로 하여금 상황을 편안하게 수용하고, 언어를 풍성하게 하는 예를 찾아볼 수 있다. 이와 관련하여 Lockwood는 1983년 투사적 성격검사 방법 중 하나인 '주제통각검사(Thematic Apperception Test: TAT)'를 수정한 '동물주제통각검사(Animal Thematic Appercepton Test: ATAT)'를 활용하여 일련의 실험을 하였다(Friedmann & Lockwood, 1991; Lockwood, 1983).

동물주제통각검사는 두 가지의 그림 묶음으로 구성되어 있는데, 하나의 그림 묶음에는 동물이 포함되어 있고, 또 하나의 그림 묶음에는 동물이 포함되어 있지 않지만 그 외는 동물이 포함되어 있는 그림 묶음과 동일하게 구성되어 있다. 참여자는 그림을 보고 그림 속 상황을 자유롭게 설명하면 된다. 연구 결과, 동물이 포함되어 있는 그림 묶음에 참여한 사람이 동물이 포함되어 있지 않는 그림 묶음에 참여한 사람보다 좀 더 우호적이고 더 행복하고, 덜 위협적으로 상황을 설명하였다. 이는 어떠한 상황에 대한 개인의 인식이 스트레스 반응에 영향을 미친다는 것을 의미한다. 즉, 어떤 상황에서 동물이 있으면 사람들은 스트레스가 적은 쪽으로 상황을 인식하게 되고, 그에 따라 좀 더 평온하게 반응할 수 있게 된다(Friedmann, 1995).

아동이 반려동물과 깊은 유대를 형성하면 아동의 인지 발달에 도움이 된다(Poresky et al, 1987). 반려동물을 소유하고 함께 생활하면, 아동의 언어 습득을 촉진하고 언어기술을 강화할 수 있다. 이러한 결과는 반려동물의 기능과 관련이 있는데, 반려동물은 어린 아동의 옹알거림을 참을성 있게 받아 주고, 의사소통에 있어서 칭찬, 명령, 격려, 처벌의 형태에 익숙해져 있는 아동에게 흥미롭고 매력적인 언어적 자극이 되어 의사소통을 도출하고 유도해 주기 때문이다.

살아 있는 동물은 본질적으로 중요한 요소에 변화를 유발하려고 하는 경향이 있다. Piaget(1969)는 인지적으로 부조화를 이루고, 이미 형성된 스키마로부터 적절한 수준의 불일치가 발생하면서, 새로운 정보가 제공될 때 학습을 하게 된다고 하였다. 반려동물의 행동은 이러한 학습의 동력을 충족시키고 구체화하기 때문에 아동의 관심과 관찰을 유도할 수 있다. 일반적으로 아동은 정서적으로 이미 받아들인 주제에 대해서 더 많이 학습하고 유지하려 하며(Hatano & Inagaki, 1993), 그 주제가 의미 있는 관계를 가지고 있을 때 학습 내용이 최적화된다(Vygotsky, 1978). 이러한 이유로 반려동물은 학습을 위한 강한 동기유발 역할을 할 수 있게 된다.

2) 개의 존재는 아동의 언어 및 인지 과제 수행에 도움을 준다

Gee, Harris와 Johnson(2007)은 언어장애가 있는 학령전기 아동과 일반적인 학령전기 아동을 대상으로 개의 존재가 대근육 운동 기능 과업을 수행하는 데 영향을 미치는지에 대해 연구하였다. 4~6세 아동(4명의 여아, 10명의 남아) 14명을 대상으로 두 마리의 미니어처 푸들을 활용하여 개가 있거나 혹은 없는 상황에서 열 가지 대근육 운동 과제(예, 멀리뛰기, 높이뛰기 등)를 수행하도록 하고 관찰하였다. 개가 있는 상황에서는 아동에게 모델 역할을 수행하였다. 다시 말해 개가 아동보다 먼저 대근육 운동 기능 과제를 수행하게 하거나 동시에 수행하였다. 연구 결과 아동이 개와 함께 있을 때 과제를 좀 더 빨리 수행한다는 것을 확인할 수 있었다. 또한 개의 존재는 언어장애 아동의 언어에 긍정적인 영향을 미친다고 할 수 있다. 이러한 결과를 토대로 운동 기능과 언어 발달의 밀접한 연관을 고려할 때, 학령전기 아동을 대상으로 한 언어 발달 프로그램에 개를 활용할 것이 권장된다.

　학령전기 아동을 대상으로 세 가지 조건(실제 개, 개 인형, 사람)에서 제시된 그림과 연관성 있는 그림을 선택하는 객체 범주화 실험을 실시하였다. 관련된 그림은 세 가지 범주, 즉 분류상 동일 범주인 것, 주제상 동일 범주인 것, 전혀 관련되지 않은 것 내에서 제공되었다. 실험 결과, 개 인형과 사람이 있는 경우보다 실제 개가 함께 있는 경우에 전혀 관련되지 않은 그림을 선택하는 횟수가 유의미하게 적었다. 또한 좀 더 어린 아동일수록 분류상 동일한 범주에 있는 그림을 선택하는 경향이 높았으며, 반대로 나이가 많은 학령전기 아동일수록 주제상 동일한 범주에 있는 그림을 선택하는 것을 선호하였다.

　이는 실제 개가 존재할 때 학령전기 아동의 인지적 과업을 수행하는 데 긍정적인 영향을 미친다는 것을 의미한다(Gee, Church, & Altobelli, 2010). 후속 연구에서 동일한 조건으로 생물과 무생물 그림에 대한 자극의 차이를 확인하기 위한 실험을 했는데, 모든 조건에서 무생물 그림보다는 생물 그림에서 좀 더 정확하게 범주화를 수행하였다. 더욱이 세 가지 조건 중에서 실제 개가 존재하는 경우에 생물에 대한 범주화 수행이 다른 두 가지 조건에 비해서 유의미한 차이가 나는 결과를 보여 주었다. 이는 개의 존재가 학령전기 아동이 과제를 수행할 수 있도록 주의를 기울이는 데 도움을 준다는 것을 의미하다. 즉, 인지 과제 수행에 긍정적 영향을 준다는 것을 의미한다(Gee, Gould, Swanson, & Wagner, 2012).

제 **3** 장
:
학교에서의 동물매개중재

1. 교실 환경에서의 동물 존재의 긍정적 효과

미국에서 아동들이 교실에 동물을 데리고 오는 이유에 대해 조사한 적이 있었는데, 그 이유로 즐거움(37.4%), 실무적인 가르침(22.8%), 정신적 복지(22.1%) 등으로 응답하였다(Rud & Beck, 2003). 이처럼 학교에서 아동들은 동물을 통해 많은 도움을 얻으며, 교실에서 동물을 관찰하고 동물과 상호작용하는 것은 광범위하게 아동의 발달을 자극한다(Myers, 1998). 즉, 동물과의 만남은 아동의 언어, 자아존중감, 다른 사람과의 유대, 창의력, 놀이 능력을 활성화시킨다. 또한 교사들은 동물이 교실에 있는 경우, 사회적 통합이 높아지고 아동의 공격성이 감소한다고 보고하였다(Kotrschal & Ortbauer, 2003).

교실에서의 반려동물 존재의 효과에 대한 9개월간의 연구에서 아동의 자존감 점수가 유의미하게 증가하였다(Bergesen, 1989). 또한 교실 내에서 반려동물(개)의 존재는 아동의 사회적 능력과 공감 능력을 향상시킨다. Hergovich, Monshi, Semmler과 Aieglmayer(2002)는 실험을 통해 초등학교 1학년 46명을 두 그룹으로 나누어 한 그룹은 교실에 개가 있게 하고, 다른 그룹은 교실에 개가 없게 하여 세 달 동안 지내면서 아동들의 행동을 관찰하였다. 연구자들에 의하면 개의 존재는 아동의 자율적 기능의 발달과 더불어 다른 사람의 요구나 기분에 대한 민감성의 기본이 되는 자아와 비자아의 분리가 잘 되도록 촉진하였다고 하였다. 또한 교사들은 교실에 개가 함께 있을 때 사회 통합력이 향상되고 공격성은 감소된다고 하였다. 이렇듯 교실에 개가 존재하는 것만으로도 아동의 사회인지 발달에 도움이 된다.

또한 오스트리아에서는 교실에서 개의 존재에 대한 행동적 효과를 알아보기 위하여 실험을 하였다(Kotrschal & Ortbauer, 2003). 실험은 24명의 초등학생이 있는 교실에서 실시하였으며, 처음 한 달 동안은 교실에 개가 없이 매주 두 시간씩 녹화하여 아동의 행동을 관찰했고, 다시 또 한 달 동안은 교실에 개가 있게 한 후 똑같이 매주 두 시간씩 녹화하여 아동의 행동을 관찰하였다. 실험 결과, 교실에 개가 있는 경우에 아동행동에 긍정적 효과가 유의미하게 관찰되었다. 즉, 공격성과 과잉행동과 같은 아동들의 극단적인 문제행동이 감소하면서 사회적으로 또래아동과 점점 동질화되어 갔으며, 내성적이던 아동들은 사회적으로 좀 더 통합되어 갔다. 특히 여아보다는 남아에게서 이러한 현상이 두드러지게 나타났다. 또한 아동들이 많은 시간 교실 내에 있는 개를 만져 보고 관찰하는 데 시간을 사용하였지만, 선생님에 대해 기울이는 주의는 더욱 향상되었다. 이 연구 결과를 통해서 교실에 개가 있으면 사회적 응집력을 긍정적으로 강화하고, 학습 상황을 향상시킨다는 것을 알 수 있다.

또 다른 예는 교실 공간에서 이루어지는 수학이나 읽기와 같은 수업에서의 활용이다. 수학과 읽기 수업은 학생들에게 정신적 스트레스를 주는데, 그러한 수업을 할 때 교실 내에 반려동물이 있으면 학생들의 문제행동이 감소하고 집중력이 향상된다(Chandler, 2012). 또한 소리내어 읽기를 어려워하는 소극적인 아동들에게 수업에 좀 더 적극적으로 참여할 수 있도록 도와준다.

또한 반려동물은 아동의 집중 시간을 증가시키는 데 활용할 수 있다. 주요한 장애를 가지고 있는 사람들은 정보의 처리보다는 주의집중에 문제를 가지고 있는 경우가 많다. 돌고래를 활용한 실험에서 돌고래에 관심이 있는 사람들은 돌고래와 일할 때 훨씬 더 집중하고, 돌고래와 놀거나 수영을 하도록 보상받으면 학습에 동기화가 더 잘 되는 것을 확인하였다(Nathanson, 1998; Nathanson, Castro, Friend, & McMahon, 1997). 이러한 연구들로 인해 교육 장면 내에 반려동물을 활용하는 것에 대해 전 세계적으로 관심이 증가하고 있다.

2. 학교교육에서의 동물매개중재의 응용

학교폭력 예방과 중재 그리고 인성교육 프로그램의 일환으로, 개와의 상호작용은 초등학생과 중학생의 공감 수준과 공격성에 대한 신념의 정도를 유의미하게 바꿔 놓았다(Sprinkle, 2008). 초등학생과 중학생 310명을 대상으로 유기동물보호소에 있는 개를 활용하여 비폭력과 친사회적 메시지를 가르친 후 사전 사후 검사를 실시한 결과, 프로그램을 이수한 학생들은 폭력, 공감 수준, 폭력적이고 공격적인 행동의 표현에 관한 관념적 신념이 유의미하게 변화되는 것을 확인하였다. 또한 반려견과 함께 할 수 있는 다양한 프로그램, 즉 반려견 훈련시키기와 같은 프로그램의 활동을 제공함으로써 학생들의 인간관계 기술을 발전시키고, 도덕과과 인간적인 가치를 강화시키고 학습시키는 데 도움을 줄 수 있었다.

한편, 아동이 개에게 책을 읽어 주는 것은 아동의 언어 발달에 도움이 된다(Brundige, 2009; Paddock, 2010). 초등학교 3학년 학생들을 대상으로 10주 동안 일주일에 한 번씩 15~20분 정도 큰소리로 개에게 책을 읽어 주는 실험을 하였는데, 실험 결과 학교를 다니고 있는 학생들의 읽기 능력은 12%, 홈스쿨을 하는 아동들의 읽기 능력은 30%가 향상되었으며, 읽는 속도는 분당 30단어까지 증가하였다. 이것은 개가 아동이 책을 읽는 동안 좀 더 편안하고 수용적인 느낌을 가질 수 있도록 아동을 돕기 때문인 것으로 판단된다. 참여 아동의 부모 중 75%는 이러한 실험 후 자녀들이 자신감을 가지고 큰소리로 유창하게 책을 읽을 수 있게 되었다고 보고하였다.

학교에서 동물매개중재를 활용할 수 있는 가장 쉬운 방법은 상담사가 반려동물을 상담실에 데리고 와서 함께 있는 것이다. 상담실을 찾은 아동들은 반려동물이 상담실에 있어 매우 새로움을 느끼게 될 것이고, 상담실을 찾아올 때의 두려움이나 어색한 감정이 사라지고, 반려동물이 보고 싶어 편안하게 상담실을 방문하게 될 것이다. 보살핌과 애정을 얻고 싶은 아동은 단순히 반려동물을 안아 주거나 만지는 것만으로도 욕구를 충족시킬 수 있을 것이다. 우울한 기분에 빠져 있던 아동들은 긍정적인 기분을 얻을 수 있을 것이다. 이는 반려동물이 아동을 긍정적으로 대해 주기 때문이다. 자신의 마음을 드러내는 것에 대해 두려움을 느끼는 아동에게 반려동물은 쉽게 마음속 이야기를 털어놓을 수 있도록 도와준다. 또한 단순히 반려동물을 어루만지며 함께 시간을 보내는 것만으로도 아동들에게 치료적 효과를 기대할 수 있다.

3. 학교폭력과 동물매개중재

우리나라에서의 학교폭력은 초등학교 고학년 때 시작돼서 중학교 3학년에 그 절정을 이룸으로써 학교폭력이 발달적 양상을 보이고 있다. 또 학교폭력으로 인해 어린 학생들이 극단적인 선택을 함에 따라 피해학생과 가해학생만의 문제만이 아니라 사회적인 문제가 되고 있다.

청소년폭력예방재단에서 2011년 12월부터 2012년 1월에 진행된 2011년 전국 학교폭력 실태 조사에 의하면, 학교폭력 피해율은 18.3%, 가해율은 15.7%로 2010년에 비해 증가하고 있다(청소년폭력예방재단, 2012). 학교폭력 피해를 처음 당한 시기가 점차 저연령화되고 초등학교에서 72.7%로 증가되어 우리의 현실을 더욱 어렵게 하고 있다.

이러한 학교폭력은 피해 후유증, 청소년 자살, 범죄 등으로 이어지면서 피해자와 가해자 모두를 고통스럽게 만들며, 단순히 학교 내 학생만의 문

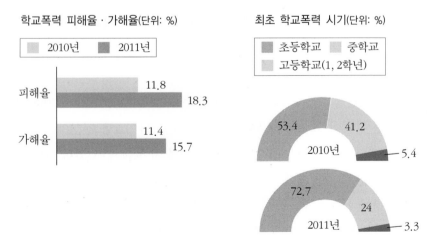

[그림 3-1] 전국 학교폭력 실태

*출처: 청소년폭력예방재단(2012). pp. 9-10.

제에서 벗어나 점점 사회적 문제로 확대되어 가고 있다. 학교폭력으로 인해 피해를 입은 피해자는 63.4%가 고통스럽다고 응답하였으며, 이 중 31.4%가 한 번 이상 자살을 생각하였다고 응답하였다. 특히 10회 이상 지속적으로 자살을 생각하는 학생들이 6.3%로, 학교폭력에 의한 자살률 또한 간과할 수 없다. 피해자 중 73%는 한 번 이상 복수하고 싶은 충동을 느끼고 있어서 피해학생이 또 다른 가해자가 될 수 있다. 실제로 피해와 가해를 모두 경험한 학생의 비율이 10.3%로, 피해와 가해의 악순환이 점점 가속화될 가능성이 높다. 다시 말해, 피해자 역시 가해자일 수 있으며, 가해자도 피해자일 수 있다. 학교폭력의 대표적인 원인을 분석해 보면 다음과 같다.

　첫째, 가구 구조의 변화와 성과 위주의 기업 문화로 인하여 가정 내에서 자녀의 돌봄 기능이 약화되어 자녀와의 대화와 학교교육 참여 기회가 부족해지고 있기 때문이다.
　둘째, 인터넷 · 게임 · 영상매체를 통해서 폭력영화 등 유해 영상물과 잔혹한 게임에 쉽게 노출되면서 폭력에 대한 인식이 무뎌지고 있기 때문이다.

　이러한 원인을 종합해 보면, 문화의 발달로 인간이 자연에서 멀어진 것과 밀접한 관련이 있다고 하겠다. 즉, 과거 우리 아이들은 자연에서 동물과 함께 더불어 살면서 건강한 정신과 육체를 유지할 수 있었다. 그러나 문명의 발달로 자연 속에서 동물과의 공존공생을 못하게 되면서 정서적인 불안정이나 운동 부족에서 오는 신체적 장애, 주변 사람들과 어울리지 못하는 사회성 결여 등의 문제가 발생하는 것이다. 여러 가지 여건상 자연으로 돌아가지 못하는 현실에서 할 수 있는 최선의 선택은 인위적으로라도 동물과의 접촉을 통해서 우리 아이들에게 부족한 신체적 · 정서적 ·

사회적 기능을 회복시켜 주는 것인데, 이러한 회복이 '동물매개중재 (AAI)'를 통해 가능하다고 본다(Serpell, 2000).

　동물매개중재는 여러 다양한 연구를 통해 그 효과가 검증된 것처럼, 아동의 정서·행동적 문제에 도움을 줄 수 있다.

　첫째, 동물매개중재는 아동의 '불안과 스트레스'의 해소에 도움을 줄 수 있다. 즉, 위험과 안전의 환경적 감시자로서 동물에게 반응하도록 진화된 인간은 공격적인 동물들을 바라볼 때는 함께 흥분하게 되며, 반대로 차분하고 온순한 동물들을 마주하게 될 때는 인간도 기분이 안정되고 진정하게 된다. 그 예로 친밀한 개 옆에 조용히 앉아 있는 9~16세 아동들은 혼자 앉아 있을 때보다 심박수와 혈압이 낮아지며, 아동에게 시를 큰소리로 읽도록 하면 심박수와 혈압이 예측한 대로 상승하였으나, 개가 있을 때는 그 증가가 혼자 읽을 때보다 유의미하게 낮아졌다(Friedmann, Katcher, Thomas, Lynch, & Messent, 1983). 즉, 동물과의 상호작용은 조용히 책을 읽는 것과 같은 이완 활동과 유사하여 불안 감소 효과를 가져온다. 또한 인간이 반려동물과 상호작용할 때는 스트레스 수준을 감소시키고 완화해 주는 호르몬 옥시토신의 분비가 증가한다(Handlin, 2010; Miller et al., 2009; Odendaal & Meintjes, 2003). 이처럼 반려동물과의 잦은 접촉은 스트레스 환경에서 완충 역할을 함으로써 모두에게 이로움을 준다(Garrity & Stallones 1998).

　둘째, 동물매개중재는 '정서적·사회적 지지'가 부족한 아동을 지원해 줄 수 있다. 반려동물은 스트레스 환경이나 정서적 문제에 대처하려는 아동에게 정서적 완충 역할을 하는 정서적 지지를 제공한다(Chronister, 1993; Strand, 2004). 많은 아동이 스트레스 상황에서 정서적 지지와 안정을 위해서 반려동물에게 의지한다. 독일의 4학년 학생들에 대한 면담에서 79%가 슬플 때면 반려동물을 찾는다고 응답하였다(Rost & Hartmann, 1994). 또한 10~14세 미국 미시간 지역 아동을 대상으로 한 연구에서는 75%의 아동이 속상할 때 반려동물을 찾는다고 응답하였다(Covert et al., 1985). 미국 인디애나 지역의 반려동물을 기르는 미취학 아동들은 슬프거나 화날 때 정서적 지지를 위해 반려동물에게 의지하는데, 공립학교에 입학하는 변화의 시기에 불안과 위축이 줄어든다고 하였다(Melson & Schwarz, 1994). 아동이 반려동물을 또래나 가족으로 생각하고 의지하는 경향이 있기 때문에, 인간이 도와줄 수 없는 상황에서 지지와 연민의 느낌을 제공받을 수 있다(Nebbe, 1991).

셋째, 동물매개중재는 아동의 '자존감'을 향상시키는 데 도움을 줄 수 있다. 반려동물을 소유한 십대들이 그렇지 않은 십대들에 비해 자존감 척도에서 높은 점수를 얻었다(Covert et al., 1985). 치료 회기 동안 말(horse)과 상호작용을 한 아동들이 말(horse)이 없이 치료를 받은 아동보다 자존감 척도에서 점수가 증가하였으며(Dismuke, 1984), 동물을 데리고 하는 실제 학습과 자연 생태시스템과 연합한 프로그램에 참여한 청년들이 정규학교 프로그램에 참여한 청년보다 자아개념의 척도에서 좀 더 높은 점수를 받았다(Katcher & Wilkins, 2000).

넷째, 동물매개중재는 '공감 능력'을 향상시키는 데 도움을 줄 수 있다. 동물의 요구를 인식하는 동물과의 공감은 사람에게 그 효과가 전이된다(Ascione, 1992). 반려동물을 소유한 아동이 그렇지 않은 아동에 비해서 잠재적으로 의사소통을 좀 더 좋게 만들 수 있는 비언어적 정보를 해석하는 능력 척도에서 더 좋은 향상을 보였다(Guttman, 1984). 또한 반려동물을 소유한 아동이 그렇지 않은 아동에 비해서 공감 척도에서 더 높은 점수를 받는 경향이 있다 (Ascione & Weber, 1996; Bryant, 1986; Melson & Fogel, 1989; Paul, 2000).

다섯째, 동물매개중재는 다양한 '품행적 문제'의 해결에 도움을 줄 수 있다. 일반적으로 반려동물과 함께 성장한 아동은 자존감, 공감, 책임감에서 더 높은 수준을 보이며, 반려동물과 함께 성장하지 않은 아동보다 사회적으로 좀 더 역량 있는 성인으로 성장한다 (Endenburg & Baarda, 1995). 과거 부모로부터 학대를 받고 동물을 학대했던 경험이 있는 7명의 청소년을 대상으로 한 동물매개 치료 연구에서 동물과의 유대가 유의미하게 증가하였고, 부가적으로 반려동물의 존재는 행복감, 안전감, 자아존중감을 증가시키고, 외로움, 고립감, 스트레스를 감소시켰다(Hanselman, 2001).

Katcher와 Wilkins(2000)는 주의력결핍 과잉행동장애와 품행장애가 있는 아동 50명을 대상으로 동물매개중재 프로그램의 효과를 검증하기 위하여 6개월간 실험을 실시하였다. 아동 50명을 무작위로 두 그룹으로 나누어 동물매개중재 실험 그룹은 동물을 보살피고 동물과 상호작용하는 방법을 학습하는 프로그램을 진행하였으며, 야외 그룹은 암벽타기, 카누, 수중 안전 교육과 같은 오락적 활동 프로그램을 진행하였다. 연구 결과 동물매개중재 조건인 동물 그룹이 학습에 있어서 출석, 협력, 참여가 증가하였으며, 반사회적이고 폭력적인 행동이 감소하였다. 또한 학교폭력 예방과 중재, 그리고 인성교육 프로그램의 일환으로 실시된 개와의 상호작용을 통해 초등학생과 중학생의 공감 수준과 공격성에 대한 신념들이 유의미하게 변화되었다(Sprinkle, 2008).

이외에도 친밀한 개가 있는 상황에서 모의 신체검사를 받는 건강한 아동이 동물 없이 신체검사를 받는 아동에 비해서 행동적 스트레스가 낮게 나타났다(Nagergost, Baun, Megel, & Leibowitz, 1997). 상주치료를 받고 있는 중도 품행장애를 가지고 있는 12~15세 소년을 대상으로 한 동물매개중재에서, 동물 돌봄이 이러한 소년의 안정과 더불어 주의력을 향상시켜 주었음을 확인할 수 있었다(Katcher & Wilkins, 2000).

제 **4** 장

⋮

장애아동과 동물매개중재

1. 주의력결핍 과잉행동장애(ADHD)와
품행장애(CD) 아동을 위한 동물매개중재

　주의력결핍 과잉행동장애(이하 ADHD)는 부주의, 충동성, 과잉행동의 특성을 지니며, 신경생물학적인 이상 증세로 심각한 장애를 유발하는 발달장애다(APA, 2000). ADHD 아동은 성숙 과정에서 자기 자신을 적절하게 조절하는 능력이 부족하여 문제를 일으키는 경우로, 특징적 증상은 집중력이 약하여 주의집중 시간이 짧고, 충동성 및 과다활동 성향을 보인다(민성길, 2006; 은소희, 은백린, 2008). 이들은 또한 주의집중을 하지 못하여 학업적인 기술의 결핍과 과잉행동으로 사회적 기술의 결손을 초래한다(이정림, 강경숙, 2010). ADHD 특성 중 충동성과 과잉행동은 사춘기를 전후하여 점차 감소하지만, 주의력 결핍의 문제는 성인기가 되어도 계속 남아 있는 경우가 많다(반건호, 2009).

미국에서 이러한 특성을 지닌 학령기 ADHD 아동 출현율은 4.1~8.7%로 보고되고 있으며(Froehlich et al., 2007; NIMH, 2008), 우리나라의 경우에는 5.7~6.5%로 보고되고 있다(양수진, 정성심, 홍성도, 2006; 임경희, 조붕환, 2004). 2010년 경기도 초등학교 1학년 학생을 대상으로 실시한 연구에서 11.4%가 ADHD 위험군으로 나타났으며(경기도청, 2010), 가정 경제력이 낮을수록, 부모와의 관계와 친구와의 관계가 나쁠수록 ADHD에 더욱 취약하다고 한다. 이러한 장애를 가지고 있는 아동이나 청소년은 알코올이나 약물 남용뿐 아니라 흡연과 같은 건강에 해로운 행동을 할 가능성이 높다(Rowland, Lesesne, & Abramowitz, 2002).

ADHD에는 흔히 반항장애, 품행장애, 정동장애, 불안장애와 같이 동반되는 공존장애가 있으며, 이러한 공존장애가 있을 때 더욱 심각한 기능 손상을 일으킨다(양수진, 2008). 공격적인 행동을 보이는 ADHD 아동의 경우 학교에 적응하지 못하거나 반사회적인 성격이 형성될 가능성이 높고, 특히 적대적 반항장애(ODD)와 품행장애(CD)가 같이 있는 경우에는 반사회적 행동, 비행, 범죄를 일으킬 가능성이 높다. 불안 증상이 동반될 경우 우울증이나 다른 내재화 장애로 전이될 확률이 높다는 보고가 있으며, 과잉행동을 동반하지 않을 때 더 높은 불안장애를 보인다(이소현, 박은혜, 2011).

틱장애를 동반하면 직접적인 사회적 기능 손상을 가져오는데, 이러한 손상을 제외하면 ADHD 증상의 심각도에 영향을 주거나 추가적인 기능 손상을 일으키지 않는다. ADHD와 양극성 장애, 또는 품행장애가 동반된 경우에는 흡연과 물질남용장애가 매우 일찍 발현된다(양수진, 2008). 또한 ADHD와 자주 동반되는 장애인 품행장애는 공격성, 파괴, 정직하지 않음, 심각한 규칙 위반과 관련되는 행동의 반복적 형태를 나타낸다(APA, 2000). 품행장애는 주변인을 비롯하여 지역사회를 힘들게 하는 신체적 손상과 재

산상의 손실을 유발하기 때문에 공공복지 측면에서 주요 관심 대상으로 간주되고 있다(Burke, Loeber, & Birmaher, 2002; Schaeffer, Petras, Ialongo, Poduska, & Kellam, 2003).

ADHD의 원인은 유전적 · 환경적인 문제일 가능성이 높으나 명확하지 않으며(김은정, 김향구, 황순택, 2001; 이정림, 강경숙, 2010), 현재 사용되는 치료 방법이 모든 장애인에게 효과적인 것은 아니다(Barkley, 2006; Rowland, Lesesne & Abramowitz, 2002). 행동치료는 장애아동이 정상적인 기능을 할 수 있도록 하기에는 충분하지 않으며(Antshel & Remer, 2003; Fiore, Becker, & Nero, 1993; Hinshaw, 1994), 약물치료는 몇몇 위험과 부작용을 수반한다(MTA Cooperative Group, 2004; National Institute of Health, 1998; Rowland et al., 2002). 따라서 약물치료와 더불어 다른 치료적 중재를 함께 사용하는 치료 접근이 가장 효과적이다(김은정, 김향구, 황순택, 2001).

ADHD 아동의 치료적 중재의 하나로 동물매개중재를 들 수 있는데, 중재 효과를 높이는 방법으로 자연적인 환경인 야외에서 반려동물과 함께 게임이나 놀이 중심으로 활동하는 것이다. Katcher와 Teumer(2006)는 아동들이 야외 활동을 통해서 주의를 외부 환경으로 돌리면 최면이나 명상처럼 '진정 효과(calming effect)'가 있어서 주의 능력이 증진된다고 하였고, Taylor와 Kuo(2009)는 자연 친화적 활동을 통해서 의도하지 않은 자연스러운 주의가 많아지면 주의 기능이 회복되어 주의력이 향상된다고 하였다.

자연 친화적인 야외 환경에서 반려견과 함께 활동하는 것은 '생명존중 가설(biophilia hypothesis)' 이론을 바탕으로 하는데, 이 가설은 인간이 진화하면서 자연 속의 동식물로부터 생존을 위한 음식과 옷을 획득하고 동물을 통한 안전 상태의 유무를 확인하는 습관이 오랜 인간 역사를 통해 유전적으로 내려오면서, 아동들이 반려동물이나 공룡, 또는 자연 등을 보면 애착과 관심을 갖게 된다는 것이다(Melson & Fine, 2010).

ADHD 아동을 대상으로 하는 치료적 중재에서는 중재 초기에 신속하게 치료적 신뢰 관계를 형성해야 하며, 재미있어야 하고, 환경에 집중할 수 있는 도구가 필요하다(Schaefer & Reid, 2001). 동물매개중재에서 이러한 놀이적 요소를 내포한 게임이나 놀이 중심 활동으로 접근하면 아동의 참여를 자연스럽게 유도할 수 있다.

게임이나 놀이는 즐거움이라는 속성을 가지고 있어서 아동의 발달적 단계에 적합하여, 자기통제, 좌절, 인내 및 자기행동에 대한 제한을 받아들이고 자아 발달을 촉진할 수 있다. 특히 게임이나 놀이는 ADHD 아동의 주의집중과 자기통제에 효과적이기 때문에(Ervin, Bankert, & DuPaul, 1996; Schaefer & Reid, 2001) ADHD 아동의 치료적 중재 기법으로 적절하다.

Taylor와 Kuo(2009)는 자연 환경에서 주의를 위한 피로가 쉽게 회복되고 오래 지속될 수 있다는 주의회복이론을 중심으로, 자연 친화적 환경에서의 활동이 ADHD 아동의 주의 능력을 향상시킬 수 있다고 하였다. 또한 방과 후 활동이 ADHD 아동의 증상에 어떠한 영향을 주는가에 대한 조사 연구에서, 상대적으로 자연 속에서 활동한 이후에 ADHD 아동의 증상이 향상되었다고 하였다(Katcher & Wilkins, 1994; Kuo & Taylor, 2004; Taylor, Kuo, & Sullivan, 2001).

Palladino(2007)는 ADHD 아동의 주의력 결핍은 자극의 불균형으로 발생하는 것이며, 이는 인지 훈련을 통해서 적절한 각성 상태를 유지하면 주의 능력을 개선할 수 있다고 하였다. Jackson(2008)은 뉴런 체계의 약화가 ADHD 아동 주의력 결핍의 주요 원인이며, 집중력 훈련이나 마음 수련을 통해서 자신을 조절할 수 있는 힘을 강화시켜 주면 주의력이 개선된다고 하였다.

Katcher와 Wilkins(2000)는 '생명존중가설'을 기반으로 ADHD 아동에게 유익한 측면을 제시하면서 다음과 같은 도움을 줄 수 있다고 하였다.

첫째, 동물의 존재는 아동의 주의를 끌고 유지시키는 역할을 한다. 즉, 인간의 뇌는 동물에게 선택적으로 주의를 기울이도록 형성되어 왔다.

둘째, 일반적으로 ADHD 아동은 지연 반응이나 행동 억제에 대한 장애를 가지고 있다(Barkley, 1994). 아동은 동물이 어떠한 행동을 할 것이라는 것을 예측할 수 없기 때문에, 동물을 향해 주의를 기울여야 하는데, 이는 아동의 행동을 억제하며 지속적으로 새로움을 주는 자극제 역할을 한다. 이러한 행동 억제는 동물에 대해 궁금한 사항에 대해서 질문을 준비할 수 있는 시간적 여유를 준다.

셋째, 아동이 동물의 행동에 익숙해질 수 있다고 할지라도 세부적인 행동을 예측하는 것은 어렵기 때문에 지속적으로 세심하게 주의해야 하는데, 이러한 행동은 아동의 충동성이나 민감성을 빠르게 감소시켜 반응을 연장시키는 효과가 있다.

넷째, 동물의 존재는 ADHD 아동이 내부로 향해 있는 주의 방향을 외부로 끌어낼 수 있도록 도와주기 때문에 각성 정도를 낮추는 효과가 있어, 어떤 행동에 대한 정확한 이해뿐 아니라 부정적인 행동을 억제시킨다.

다섯째, 일반적으로 ADHD 아동은 공격적인 성향을 가지고 있는데, 동물에 대한 애정 어린 양육 놀이는 공격성을 감소시켜 또래 간에 긍정적인 교류를 증가시킨다.

ADHD를 지닌 아동과 품행장애가 있는 아동 50명을 대상으로 동물매개중재 프로그램의 효과를 검증하기 위하여 6개월간 실험을 실시하였다(Katcher & Wilkins, 2000). 아동 50명을 무작위로 두 그룹으로 나누어 동물 그룹은 동물을 보살피며 동물과 상호작용하는 방법을 학습하는 프로그램을 진행하였고, 야외 그룹은 암벽타기, 카누, 수중 안전교육과 같은 오락적 활동 프로그램을 진행하였다. 연구 결과, 야외 그룹보다 동물 그룹이 학습에 있어서 출석, 협력, 참여가 증가하였으며, 반사회적이거나 폭력적인 행동이 감소하였다.

정신분석학적 관점에서 인간은 이성보다는 생물학적 욕구가 지배적이기 때문에 아동과 동물은 자연스러운 유대를 공유한다고 보고 있다. 이러한 이유로 융은 동물 상징물이 자아가 표현된 것이라고 강조하였다(Von Franz, 1972). 이러한 이론을 바탕으로 개발된 중재 기법 중에서 '동물 속성 이야기 기법'이 있다(Arad, 2004). 이 기법은 가족의 각 구성원에게 동물의 역할을 주고 동물 주인공에 관한 간단한 이야기를 만들도록 하는 것이다. 이 기법은 ADHD나 품행장애로 진단된 아동이 있는 가정의 가족치료를 위해서 활용되고 있다.

ADHD 아동을 대상으로 한 국내 연구 중 초등학생 3명을 대상으로 한 질적 연구에서 ADHD 아동의 주의력 향상에 동물매개중재가 긍정적인 영향을 미치는 연구 결과도 보고되었다(Kim, Kang, & Ma, 2011).

2. 자폐성장애 아동을 위한 동물매개중재

자폐성장애는 의사소통 기술, 사회적 상호작용, 행동의 반복적이고도 상동적인 양상의 세 가지 측면에서 다양한 정도의 손상을 보이며(이소현, 박은혜, 2011; Strock, 2004), 보편적인 치료법이 없는 광범위하면서 심신을 쇠약하게 만드는 장애다(Lord et al., 2005). 이 장애의 주요 특징은 사회적 상호작용의 손상으로(APA, 2000), 또래들에게 거부당하거나 괴롭힘을 당하는 경향이 있으며, 이로 인하여 사회적 고립과 외로움을 느끼게 되고, 많은 경우에는 우울증에 빠지게 되며, 때로는 강박 증세를 보이기도 한다(Bauminger & Kasari, 2001; Bauminger, Shulman, & Agam, 2003). 이들이 초기에 경험하는 사회적 지지 및 우정의 결핍은 나이가 들면서 정신적·신체적 건강에 손상을 입힌다(Hertzman & Wiens, 1996).

앞에서 제시한 ADHD 아동과 동물매개중재 적용 근거와 같이, 자폐성장애 아동에게도 일반적으로 반려견과 함께 활동하는 것으로서 '생명존중가설' 이론을 바탕으로 동물매개중재를 적용할 수 있다.

이처럼 동물은 일반 아동뿐 아니라 자폐성장애 아동과의 초기 유대관계를 형성하고, 이러한 유대를 또 다른 사람에게 확장시킬 수 있는 중간 대상으로서의 역할을 한다(George, 1988; Katcher, 2000; Katcher & Wilkins, 2000; Winnicott, 1986). Fine(2006)은 동물이 사회적 상호작용을 도와줄 수 있는 초기 촉매자 역할을 수행할 수 있으며, 나아가 치료적 환경에 좀 더 편안하게 참여할 수 있도록 해 주는 사회적 촉매자가 될 수 있다고 하였다.

자폐성장애 아동을 대상으로 한 연구를 살펴보면, 동물매개중재가 친사회적 행동을 증가시키고 자폐적 자아 도취를 감소시키며, 정형화된 행동을 감소시킨다고 보고하였으며(Redefer & Goodman, 1989), 전반적으로 동물이 자폐성장애 아동의 인지 발달과 사회성 향상에 도움이 될 수 있다고 하였다(Martin & Farnum, 2002). 또한 자폐성장애 아동을 대상으로 3년간 실시한 연구에서 동물매개중재는 자폐성장애 아동의 사회적 기술 습득과 언어 발달에 도움이 된다고 하였다(Yeh, 2008).

한편 Grandin과 Johnson(2005)은 자폐성장애 아동이 다른 사람에 비해 동물과 밀접한 관계가 가능하다는 주장의 근거로 감각 기반의 사고를 하기 때문이라고 하였다. 자폐성장애 아동의 중요한 결핍 중의 하나는 언어로 전달되는 정서 관련 정보와 비언어적 정서 관련 정보를 동시에 처리하는 데 어려움을 겪는 것이다. 그러나 동물과의 의사소통은 언어와 비언어의 복잡한 관계를 함께 처리하지 않아도 되기 때문에 자폐성장애 아동이 동물, 특히 개를 이해하는 데 훨씬 편하고 쉬울 수 있다고 하였다(Prothmann, Ettrich, & Prothmann, 2009). 다시 말해 자폐성장애 아동과 동물은 상호작용을 할 때 성인과는 다른 방법을 사용하기 때문에 동물이 아동의 사회성과 의사소통 발달에 중요한 역할을 한다는 것이다(Melson, 2001).

Martin과 Farnum(2002)은 자폐성장애 아동 10명을 대상으로 동물매개중재 실험을 하였다. 실험은 자폐성장애 아동 10명이 일주일에 한 번씩 세 가지 상황(즉, 실제 개와 활동, 개 모양의 인형과 활동, 공을 갖고 하는 활동)에서 각각 15분씩 총 15주 동안 진행하였다. 실험 결과 동물매개중재가 놀이 능력, 집중력, 사회적 인식에서 유의미하게 향상되었음을 보여 주었다.

한편 Bass, Duchowny와 Llabre(2009)는 치료적 승마 효과를 알아보기 위하여 자폐성장애 아동을 대상으로 동물매개중재 실험을 하였는데, 1주일에 1시간 동안 치료적 승마 교육을 12주간 실시하였다. 실험 결과 동물매개중재에 참여한 자폐성장애 아동에게서 감각적이고 사회적인 동기 부여가 증가하였으며 부주의가 감소하였다.

이와 같이 동물의 존재는 발달장애 아동의 긍정적인 초기 행동을 증가시키고, 부정적인 초기 행동을 감소시키며, 사회적 반응성을 향상시키는데 도움이 된다(Walters & Stokes, 2008). 5~9세 아동 3명을 대상으로 한 실험에서 교사와 동물에 대하여 언어적인 면과 비언어적인 면에서 전반적으로 긍정적인 행동이 증가했으며, 부정적인 개시 행동은 전반적으로 감소했다. 더욱 중요한 것은 중재 회기가 끝난 이후에도 이 아동들이 교실 내에서 향상된 사회적 반응성이 긍정적으로 일반화되었다는 것이다.

자폐성장애 아동의 치료를 위해 개를 사용할 경우, 다음과 같이 크게 두 가지 방법을 이용할 수 있다.

첫째, 동물매개중재의 방법으로, 중재견으로 훈련된 개를 활용하여 자폐성장애 아동을 위한 치료 프로그램을 운영하는 것이다.

둘째, 가정에서 훈련된 개와 함께 생활하는 것으로, 이 때 활용하는 개를 장애인 도우미견이라고 한다. 집에서 함께 생활하는 자폐성장애 아동에게 도움을 주는 장애인 도우미견은 일반적으로 고기능 자폐성장애 아동이나 성인이 있는 가정에서 일반적으로 활용되는데, 자폐성장애 아동에게 진정 효과가 있다고 한다. McNulty (2009)의 연구에 의하면, 장애인 도우미견은 자폐성장애 아동을 안전하게 지켜 주고 가족으로 하여금 야외 활동을 가능하게 해 주며, 공공장소에서 대화나 상호작용에 대한 사회적 촉매자 역할을 한다.

일반적으로 장애 자녀를 둔 가정은 전체 가족 구성원의 심리적 · 정서적 · 경제적 · 개인적 · 여가적 측면 등 다양한 영역에서 많은 지원과 변화를 요구한다. 부모의 관심과 시간이 장애 형제에게 편중됨에 따라 다른 형제가 소외감과 질투심을 느끼고, 이러한 감정이 장애 형제에 대한 폭력적 행동으로 나타날 수도 있으며(이미숙, 권회연, 이미애, 2010), 부모가 요구하는 과도한 책임감과 부담감으로 인해 장애 형제에 대한 부정적인 개념과 좌절감을 경험할 수도 있다(김영숙, 2001). 따라서 비장애 형제를 포함하여 다양한 가족 구성원의 긍정적인 역동성에 관심을 가질 필요가 있는데, 동물은 자폐성장애 아동이 있는 가정의 스트레스를 경감시켜 줌으로써 부모에게 진통 효과(analgesic effect)를 주는 것으로 나타났다. 자폐성장애 아동이 있는 가정은 결혼 생활의 어려움, 이혼, 질병, 우울의 위험성이 증가하여 가정생활에 많은 변화를 가져오게 되기 때문이다(Bristol, 1987; Dumas, Wolf, Fisman, Fisman, & Culligan, 1991; Kozloff & Rice, 2000).

동물과의 친밀감은 동물이 자폐성장애 아동의 의사소통을 지원해 준다는 면에서 자폐성장애 아동의 사회적 세계를 능동적으로 재구성할 수 있게 해 주고, 자폐성장애 아동의 사회화 과정을 포함하여 문화적으로 규정되어 있는 사회성의 경계를 확장할 수 있도록 해 준다(Grandin & Johnson, 2005; 2009; Isaacson, 2009; Pavlides, 2008).

자폐성장애 아동과 반려견과의 상호작용은 상호작용적 습관을 재구성하는 강력한 힘을 가지고 있으며 정서적 유대를 경험하게 해 주는데, 자폐성장애 아동과 가족 구성원으로 유대 경험을 확대해 줄 수 있다(Solomon, 2010). 장애인 도우미견들은 자폐성장애 아동의 움직임을 계속 감시할 수 있는 제3의 눈이 되어 주기도 하며(Burrows, Adams, & Millmans, 2008), 반대로 장애인 도우미견의 복지 측면에서도 상호작용 면에서 매우 바람직한 환경을 제공한다(Burrows, Adams, & Spiers, 2008).

최근의 국내 연구에서도 동물과의 활동이 자폐성장애 아동의 사회성을 향상시키고, 가족 간의 유대를 강화한다는 연구 결과가 보고되기도 하였다(김원, 강경숙, 마영남, 2011; 마영남, 강경숙, 김원, 김옥진, 2011). 김원, 강경숙, 마영남(2011)은 아스퍼거증후군 자녀를 둔 가정을 대상으로 유기견을 활용한 동물매개중재가 장애아동의 사회성과 그 가족의 유대에 어떠한 영향을 미치는지 알아보기 위한 실험을 하였다. 그 결과 유기견 돌봄 및 동물매개활동이 주는 체험과 동물을 통한 정서적 안정, 언어적 · 비언어적 교감이 자폐성장애 아동의 사회적 상호작용을 촉진하고, 가족 간의 유대를 강화하는 것으로 나타났다. 또한 마영남 등(2011)의 연구에서는 반려견과의 놀이 활동이 자폐성장애 아동의 사회적 상호작용의 하위 영역인 개시 행동, 반응 행동, 확장된 사회적 상호작용 증진에 긍정적인 영향을 미치는 것으로 나타났다. 특히 이 활동은 언어적 · 인지적 수준이 낮은 자폐성장애 아동에게 유용하며, 부적절한 사회적 행동을 감소시키기 위한 중재 방법으로도 활용할 수 있다는 결과를 제시하였다.

3. 우울 및 위축된 아동을 위한 동물매개중재

우울증은 '기분장애(mood disorder)'라는 큰 범주의 하위 영역으로, 우울한 기분은 상황에 맞지 않는 불행감이나 불편함을 느끼는 불쾌함을 특징으로 할 수 있는데, 아동기와 청소년기에는 불쾌감이 초조함이나 불행감으로 나타날 수 있다(김진호, 노진아, 박지연, 방명애, 황복선 역, 2011). 우울장애를 2년 이상 장기간 겪은 아동과 청소년은 불안장애, 낮은 자존감, 행동문제 등 심각한 결함도 함께 나타내는데, 우울한 행동은 또래 거부를 초래한다. 특히 스트레스가 거의 없는 상황에서 우울행동을 보일 경우에 또래 거부는 더욱 심해진다(Little & Garber, 1995). 또한 만성적이고 심한 아동기 우울장애는 성인기 부적응 및 자살 행동과 관계가 있기 때문에 이를 예방하는 것은 매우 중요하다.

보완 및 대체 치료는 이와 같은 우울증을 지닌 아동, 청소년 혹은 성인의 중재나 치료에서 가장 일반적으로 사용되고 있다. 미국에서는 우울증을 지니고 있는 사람의 50% 이상이 보완 치료만을 사용하거나 일반적인 치료와 함께 병행하여 사용하고 있다(Kessler et al., 2001). 보완 및 대체 치료를 하는 이유는 약물에 의한 부작용을 사람들이 받아들이기 쉽지 않고, 약물치료에 대한 부정적 생각이 있기 때문이다.

반려동물과의 접촉은 정신건강과 우울에 유익한 것으로 보인다. 인간의 우울 증상을 감소시키는 동물매개중재의 효과를 알아보기 위한 메타분석 결과, 전부 개를 사용하였으며 샘플 크기가 통계적으로 유의미한 경우 동물매개중재가 우울 증상을 경감시키는 데 효과가 있다고 보고하였다(Souter & Miller, 2007). 또한 농장 동물을 활용한 연구 사례로, 임상적으로 우울한 사람들이 12주 동안 젖소를 데리고 높은 빈도의 복잡한 일을 하는 것과 상태 불안의 감소 사이에 유의미한 관계가 있음을 확인하였다(Pedersen, 2011).

반려동물과의 상호작용에 대한 통제된 연구에서 정신적 문제와 기분장애를 가지고 있는 230명의 정신질환 입원 환자를 대상으로 실시한 일주일 동안의 중재 연구(Barker & Dawson, 1998)와 실험집단 30명을 대상으로 매일 한 시간씩 진행된 2주간의 돌고래와의 상호작용 중재 연구 (Antonioli & Riveley, 2005), 두 실험 모두에서 우울증이 감소하였다. 이 외 몇몇 연구에서는 농장 동물을 데리고 일한 사람들 사이에서 우울증이 감소하였다고 한다(Berget, Ekeberg, Pedersen, & Braastad, 2011; Hine, Peacock, & Pretty, 2008; Ketelaars, Baars, & Kroon, 2001; Pedersen, 2011). 그러나 어떤 사람에게는 이러한 결과가 중재 이후(Berget et al., 2011), 또는 좀 더 복잡한 업무 기술을 습득하는 동안에만 나타났으며(Pedersen, 2011), 통제집단에서도 우울증의 감소가 비록 미미하지만 나타났다.

우울장애 아동은 일반 아동에 비해 놀이를 덜 하고, 통제되지 않은 행동을 많이 한다. 우울장애는 인지적 과제의 수행 능력이 떨어지고, 자존감이 낮으며, 사회적 능력이 떨어지고, 자기통제력에 결함을 보이며, 문제해결 능력이 부족하다(김진호 외 역, 2011). 따라서 '사회인지이론(social cognitive theory)'을 기반으로 하는 치료의 목표는 역할 모델을 통해서 한 개인의 자기 인식에 긍정적인 변화를 가져오게 하여 자기효능감, 자아존중감, 통제 위치를 향상시켜 행동에 이르게 하는 것이다. 자기효능감은 활동 동기와 선택에서 주요한 결정 요인이며, 이는 한 개인이 어떤 상황에 대처하거나 어떠한 일에 할애할 수 있는 노력의 양과 지속 기간에 영향을 미친다.

자기효능감은 한 개인이 인지된 상황을 처리하기 위하여 요구되는 행위를 얼마나 잘 실행할 수 있느냐에 대해 본인의 판단과 연관된 것으로, 사람들은 어떤 상황에 대처하는 자신의 능력을 초과한다고 믿으면 활동을 회피한다. 그러나 관리할 수 있다고 판단되면 확실히 수행한다(김미경 외, 2006). 자기효능감이 낮은 사람은 어려운 일을 피하고 목표가 낮은 편이며, 다른 사람에게 도움을 덜 요구한다. 실패는 자신에 대한 믿음을 잃게 만들며, 그로 인해 더 좋지 않은 기분과 우울에 이르게 된다(Bandura, 1982; 1986; 1997).

지금까지 자기효능감과 자아존중감에 관한 반려동물과의 동물매개중재 효과에 대한 장기간의 후속 연구는 거의 없다. 그러나 심각한 정신적 질병을 가진 환자를 대상으로 농장 동물을 데리고 실시한 이전의 무작위 통제시도 연구(Randomized Controlled Trial: RTC)는 3달의 중재 이후 6개월간 자기효능감이 증가되었음을 보여 준다(Berget, Ekeberg, & Braastad, 2008; Pedersen, 2011). 이 연구는 자기효능감 증진을 위한 동물매개중재의 긍정적 효과는 오랜 시간이 걸릴 수도 있다는 것을 의미한다.

동물매개중재는 앞에서 제시한 바와 같이 스스로 자신과 새로운 세상을 볼 수 있게 도와주고, 새로운 기술을 습득할 수 있게 해 준다. 따라서 행동적 레퍼토리에 반응할 수 있도록 도와주는 살아 있는 상호작용적 도구로서 활용할 수 있는 동물의 능력을 인정하고 있다(Nebbe, 1995; 2000).

4. 지적장애 아동을 위한 동물매개중재

지적장애는 우리나라에서 전체 장애아동 중 절반이 넘는 장애를 차지하며(교육과학기술부, 2012), 「장애인 등에 대한 특수교육법」에서는 지적 기능과 적응행동상의 어려움이 함께 존재하여 교육적 성취에 어려움을 보이는 사람으로 정의하고 있다. 지적장애를 지닌 아동은 정도의 차이는 있지만 주의력과 기억력에 결함이 있다. 적절한 곳에 주의를 기울이지 못하고, 주의집중 시간이 짧으며, 기억력도 일반 아동에 비해 매우 부족하다(이소현, 박은혜, 2011). 또한 언어 발달에 있어서 비정상적인 패턴을 보이거나 지체되는 특성을 보인다. 이들은 다른 사람과 어떻게 상호작용해야할지 몰라서 또래 친구들을 사귀지 못하는 경우가 많다(송준만 외, 2012). 이와 같이 지적장애를 지닌 아동은 인지, 학업, 언어, 사회성 등의 여러 발달 분야에서 많은 지체를 보인다.

이러한 지적장애 아동에게 동물매개중재가 효과가 있다는 결과를 보고한 연구가 있다. 그 한 예를 살펴보면, 돌고래와의 상호작용이 지적장애 아동의 인지 발달에 도움을 줄 수 있는지를 알아보기 위하여 6명의 지적장애 아동을 대상으로 실험 연구를 실시하였다(Nathanson, 1989). 실험은 돌고래와 함께 상호작용을 하는 동안 새로운 단어를 가르치는 것이었는데, 지적장애 학생이 돌고래와의 상호작용을 하기 이전보다 2~10배 정도 빠르고 더 많은 양을 학습할 수 있었다. 이는 인간의 인지 발달을 위해서 인간이 아닌 다른 동물 종을 활용하여 인지 발달에 도움을 줄 수 있다는 것을 의미한다.

다른 연구에서는 8명의 지적장애 아동을 대상으로 장난감을 가지고 물에서 활동할 때와 돌고래와 물에서 상호작용할 때를 비교 실험하였다 (Nathanson & de Faria, 1993). 그 결과 장난감을 가지고 물에서 활동할 때보다 돌고래와 물에서 상호작용을 할 때 '위계적 인지 반응(hierarchical cognitive responses)'이 유의미하게 향상되었다. 돌고래와 물에서 함께 상호작용할 때 더 많은 수의 지적장애 아동이 더 높은 수준의 반응을 일으켰다.

또한 8명의 인지적인 장애가 있는 아동을 대상으로 1년 동안 주 1회 45분간 동물매개중재를 실시한 결과, 정서·운동·사회성 향상과 함께 다른 사람의 이야기를 이해하고 의사소통에 관심을 갖는 등 인지적 발달에도 도움이 되는 것을 확인하였다(Pawlik-popielarska, 2010).

일상생활에서 소근육의 사용은 복잡한 상호작용, 자세, 인지, 시지각 등에 의해 좌우되며, 이는 시각 기술, 시지각 기술, 운동 기술의 상호작용을 의미한다. 자조 기술을 발달시켜 독립적으로 활동할 수 있도록 하기 위하여 지적장애인을 대상으로 실시한 소근육 발달에 대한 실험 연구도 있었다. 이 실험에서는 상주 시설에 거주하는 4명의 중도 지적장애인을 대상으로 8주간(주당 5일, 회당 45분) 동물매개중재를 실시하였는데, 그 결과

소근육의 활용에 변화가 있었으며, 더불어 동기, 신뢰, 기준, 주의력 향상, 자존감 향상과 같은 심리·사회적 유익을 동반하였다(Sundaramurthy, 2011).

제2부
동물매개중재의 실제

동물매개중재 실제 편에서는 앞에서 설명한 이론적 배경을 기반으로 하여 현장에서 동물매개중재를 실행하는 이들을 위해 필요한 내용을 전개하였다. 주요 내용은 다음과 같다.

첫째, 동물매개중재를 효율적으로 운영하기 위한 기본적인 방법을 가장 먼저 서술하였다. 이 부분을 잘 숙지하여 활용한다면 동일한 조건에서도 좀 더 나은 아동과 중재견의 활동 및 결과를 기대할 수 있을 것이다.

둘째, 동물매개중재 프로그램을 구성하는 방법으로 회기를 구성하는 데 도움을 줄 수 있는 내용을 서술하였다. 한 회기는 일반적으로 도입, 중심 활동, 마무리로 구성되는데, 각 부분에서 특히 고려해야 할 사항에 대해서 설명하였다. 회기를 구성할 때는 아동과 중재견의 신뢰, 아동의 중재견 통제 능력 등의 정도에 따라서 난이도를 조절하여 구성하는 것이 바람직하다. 아동과 중재견의 정확한 상태를 파악하지 못한 상태에서 활동을 진행하는 것은 자칫 역효과를 가져올 수도 있기 때문이다.

셋째, 동물매개중재의 핵심 활동을 계획하는 이들에게 생각의 단초를 제공하기 위하여 기본적인 활동을 위한 프로그램을 단계별로 제공하였다. 이러한 동물매개중재 프로그램은 다양하고 무한한 활동 방법의 극히 일부이기 때문에 다양한 변화와 변형은 당연한 것이며, 이 책을 읽는 독자의 창의적이고 효과적인 새로운 프로그램의 개발과 참여를 기대한다. 또한 아동과 중재견의 역동성은 아동과 중재견에 의한 자발적 창의성을 유도할 수 있으므로, 경직되고 고립된 사고에서 벗어나 유연하게 프로그램을 운영할 필요가 있다. 아동은 상상력과 창의력의 무한한 보고이기 때문이다.

제 **5** 장

⋮

동물매개중재 활동 개요

1. 동물매개중재 시 기본 고려 사항

중재견과 함께 활동을 하기 위해서는 가장 먼저 신뢰를 형성하는 것이 중요하다. 신뢰가 형성되면 다양한 활동을 함께할 수 있는데, 쉽고 간단한 활동에서 조금씩 어려운 활동으로 진행하면 된다. 상호 신뢰가 형성되지 않은 상태에서 진행되는 활동은 서로에게 힘이 들고 재미가 없기 때문이다.

1) 중재견과의 활동은 상호 신뢰가 중요하다

중재견과 함께 활동하기 위해서는 아동과 중재견 사이에 상호 간 신뢰가 있어야 한다. 상호 간 신뢰를 쌓는 가장 좋은 방법은 중재견과 가능한

한 많이 접촉하는 것이다. 다음과 같은 활동은 상호 신뢰에 도움이 되는 접촉 활동이다.

🐶 먹이와 물을 직접 주기

중재견과 함께 활동할 아동이 직접 먹이와 물을 주도록 한다. 만약 중재견과 가정에서 함께 생활할 수 있는 환경이라면 가족 구성원 중에서 중재견과 활동할 아동이 직접 먹이와 물을 준다. 중재견은 자신에게 먹이를 주는 사람을 가장 잘 기억하기 때문이다. 또한 먹이나 물을 줄 때 중재견에게 친구와 가족들에게 말하는 것처럼 여러 가지 이야기를 해 준다. 예를 들면, "배고프지?", "보고 싶었어!", "잘 잤어?"와 같은 대화는 친근감을 형성하는 데 많은 도움을 준다.

🐶 이름을 자주 불러 주고 만져 주기

중재견이 평소에 사용하고 있는 이름은 오랫동안 불러 왔기 때문에 중재견에게 매우 익숙하고 잘 반응하는 것이 일반적이다. 특별한 경우를 제외하고는 평소에 사용하고 있는 이름을 그대로 사용하는 것이 바람직하다. 그러나 그렇다고 할지라도 그 이름에 너무 제한되거나 구속될 필요는 없다. 중재견과 활동하는 아동이 중재견에게 별명이나 애칭을 정하도록 하고 불러 주는 것도 중재견이 초기에는 다소 이해하기 어렵겠지만 계속 사용하게 되면 곧 익숙해지기 때문에 크게 문제가 되지 않는다. 또한 가정에 분양되어 함께 생활하게 되는 경우에는 가족 구성원 모두 함께 모여 새롭게 이름을 정해보는 것도 추천할 만하다. 반려견의 이름이 정해졌으며 가족 구성원 모두 시간이 될 때마다 이름을 자주 불러 주면 곧 익숙해질 것이다. 이때 부르면서 만져 주기와 같은 접촉 활동을 함께하면 더욱 빠르게 적응할 수 있다.

🐾 함께 놀아 주기

중재견을 포함한 모든 개는 자신이 가장 신뢰하는 주인과 신나게 뛰어 놀 수 있는 놀이 활동을 함께할 때에 가장 즐거워하고 행복해한다. 또한 개의 가장 자연스러운 본능 중의 하나으므로 개의 정서에도 도움이 된다. 가정에 분양되어 함께 생활하게 되는 반려견은 대부분 집에서 혼자 있는 시간이 많기 때문에 가족이 들어오기만을 기다린다. 가족이 들어오면 함께 신나게 놀아 줄 것이라고 기대하기 때문이다. 그렇다고 중재견이나 반려견과 무언가를 해야겠다는 중압감을 가질 필요는 없다. 그냥 함께 뛰고 쓰다듬고 이야기 나누는 것부터 시작하면 된다.

다만, 지나치게 흥분하지 않도록 잘 살펴야 하며, 너무 기분이 좋아 흥분하면 정적 활동이나 활동을 중지하여 다음에 또 함께 놀 수 있다는 기대를 주는 것이 바람직하다. 또한 놀이 활동 중에 힘을 겨루는 줄다리기 같은 활동은 주인과 반려견 사이의 서열에 혼란을 줄 수 있으므로 조심하는 것이 좋다. 반려견이나 중재견이 인간과 오랜 생활을 지내오면서 함께 살 수 있는 반려동물이 된 것은 사실이지만 늑대의 후손으로 모든 본능을 잃어버린 것은 아니기 때문이다.

2) 가족과 함께 활동을 한다

요즘은 애견을 '반려견'이라고 부른다. 집을 지키는 단순한 일에서부터 가족과 함께하는 모든 활동에 이르기까지 가족의 구성원으로 참여하는 비율이 증가하고 있기 때문이다. 일반적으로 대부분의 가정에서 특별한 가족 구성원이 반려견을 돌보는 일을 전담하는 경우가 많다(대부분이 어머니가 그 역할을 맡는다). 반려견의 뒷정리와 놀아 주는 것을 서로 다른 사람이 하게 되면 결국에는 관리가 제대로 되지 않아서 유기견 보호소에

보내거나 버리는 경우에 이르게 된다. 따라서 처음부터 가족 구성원 모두가 각각의 역할을 정하고 함께 반려견 돌봄과 활동에 참여하면 반려견이 그 가정에서 오랜 기간 함께할 수 있는 확률이 높아지며 가족 구성원 간의 유대도 강화된다.

3) 중재의 효과를 높이는 방법

야외(자연적인 환경)에서 활동하기

자연 친화적인 야외 환경에서 중재견과 함께 활동하는 것은 '생명존중(바이오필리아)가설' 이론을 바탕으로 한다. 이 가설은 앞에서도 언급한 바와 같이 인간이 진화하면서 자연 속의 동식물로부터 생존을 위한 음식과 옷을 획득하고 동물을 통한 안전 상태의 유무를 확인하는 습관이 오랜 인간 역사를 통해 유전적으로 내려오면서 아동들이 반려동물이나 공룡, 또는 자연 등을 보면 애착과 관심을 갖게 된다고 하는 것이다.

Taylor와 Kyo(2009)는 인위적인 환경에서는 의도적 주의를 기울이기 때문에 쉽게 피곤해질 수 있으나, 자연 환경에서는 주의를 위한 피로가 쉽게 회복되고 오래 지속될 수 있다는 '주의회복이론'을 중심으로 자연 친화적 환경에서의 활동이 아동의 집중력을 향상시킬 수 있다고 하였다. Katcher와 Teumer(2006), Melson과 Fine(2010)은 인간이 자연, 즉 동물과 식물에 대해서 자연스러운 관심을 가지고 있으며, 그 속에서 편안함을 느낀다는 생명존중가설을 중심으로, 자연에서 관찰 및 돌봄을 통해서 주의력을 향상할 수 있다고 하였다.

게임이나 놀이 중심으로 활동하기

아동을 대상으로 하는 치료적 중재에서는 중재 초기에 신속하게 치료적 신뢰 관계를 형성해야 하며, 재미있어야 하고, 환경에 집중할 수 있는 도구가 필요하다. 게임이나 놀이는 '즐거움'이라는 속성을 가지고 있어서, 아동의 발달 단계에 적합하게 자기 통제, 좌절, 인내 및 자기행동에 대한 제한을 수용하고 자아 발달을 촉진시킬 수 있다.

2. 동물매개중재 프로그램 구성 방법

1) 동물매개중재 회기별 구성 방법

🐶 도입

중재를 처음 시작할 때는 조금 어색하고 아동이 활동할 준비가 되어 있지 않은 경우가 일반적이다. 따라서 처음에는 차분한 마음으로 서로 이야기를 나눌 필요가 있다. 이야기를 하는 동안 교사는 아동과 중재견이 상호 신뢰할 수 있도록 도움을 주어야 하며, 아동의 건강 및 기분 상태를 점검하고, 아동의 지난 한 주간의 생활 변화와 중재 당일의 학교 생활 등을 종합적으로 점검하여야 한다. 또한 중재견의 상태를 점검하여 아동과 중재견 모두 활동에 이상적인가를 확인하는 시간을 가져야 한다. 일반적으로 동물매개중재 프로그램은 중재견과 함께하는 동적 활동이 많으므로, 회기를 시작할 때 자연스럽게 아동과 준비 운동을 할 수 있도록 하는 것이 바람직하다.

일반적으로 중재 활동이 방과 후에 이루어지는 경우가 많으므로, 아동이 학교 수업에 의해서 많이 지쳐 있고 피곤해할 수 있다. 이럴 때에는 간단한 다과를 준비하여 먹으면서 자연스럽게 이야기를 나눈 후에 활동을 시작하는 것도 좋은 대안이 될 수 있다.

중심 활동

아동과 중재견이 준비되었으면 본격적인 활동을 할 수 있다. 중심 활동은 아동에 대한 인지, 정서, 사회성 등 중재 목표에 따라서 다양하게 구성할 수 있다.

중재견과 함께하는 중심 활동은 초기에는 아동과 중재견이 상호 신뢰를 형성하는 시기로, 다양한 프로그램에 의해서 아동과 중재견이 서로 신뢰할 수 있는 존재가 되도록 구성하여야 한다. 초기 상호 신뢰 형성 시기는 이후 활동에 중요한 영향을 미치게 되므로, 신뢰라고 하는 중요 가치를 기반으로 체계적으로 구성되어야 한다. 만약 이 시기에 아동과 중재견이 적절한 조화를 이룰 수 없다고 판단되면 다른 중재견으로 대체하는 것이 이후 활동을 위해서 좋은 대안이 될 수 있다. 그러나 가장 중요한 것은 아동과 중재견의 호흡으로 서로에게 잘 적응할 수 있도록 지도하는 것이다.

아동과 중재견이 서로에게 관심을 갖기 시작하고 아동이 중재견을 다루는 기술이 조금씩 좋아지면 중기로 넘어갈 수 있다. 중기에는 아동과 중재견의 상호 신뢰를 바탕으로 중재견과의 다양한 상호작용 활동을 진행할 수 있다. 이 시기부터 본격적으로 아동이 가지고 있는 문제행동이나 어려움에 대해 도움을 줄 수 있는 프로그램을 시작할 수 있으며, 아동이 가지고 있는 문제행동이나 어려움에 따라 다양한 동물매개중재 프로그램을 구성할 수 있다. 즉, 동물매개중재 프로그램의 가장 핵심이 되는 시기라고 할 수 있다.

후기에는 아동과 중재견의 강한 믿음과 아동의 중재견에 대한 조절 능력을 기반으로 높은 수준의 고난도 활동을 계획하여 진행할 수 있다. 이 시기는 아동의 문제행동과 어려움에 대한 극복, 개선, 그리고 정착이 중요한 목표가 된다.

다음 절의 동물매개중재 프로그램은 중심 활동 부분에서 활용할 수 있는 다양한 프로그램을 제공하고 있으므로, 회기 시기와 아동과 중재견의 신뢰 정도에 따라서 적절히 프로그램을 구성하여 사용하면 된다. 그러나 이 책에서 제시한 프로그램이 전부일 수는 없으므로 교사가 다양한 창의적 활동을 개발하여 활동하는 것도 좋은 대안이 된다. 다만, 개발된 프로그램의 타당성을 검증하기 위해서 동물매개중재 전문가들과 상의하여 결정하는 것이 바람직하다.

🐶 마무리

　　아동은 중심 활동을 하는 동안 다양한 동적 활동에 의해서 다소 흥분할 수 있다. 따라서 아동의 마음을 차분하게 할 필요가 있으며, 일반적으로 중재견과 함께 걷기 활동을 하면서 마음을 편안하게 하고 오늘 활동에 대해서도 서로 이야기를 나누는 것이 바람직하다. 또한 추후 중재를 위해서 오늘 활동에 대한 만족도도 작성하는 것이 좋다. 아동이 활동 중 다친 부분은 없는지를 점검하여야 하며, 혹시 있을 수도 있는 인수공통 전염병을 예방하기 위하여 반드시 손을 씻게 한 후 중재를 마무리해야 한다. 또한 다음 활동 내용에 대한 힌트를 주어 다음 활동을 기대하도록 하는 것이 중요하다.

제 **6** 장
⋮
동물매개중재 프로그램의 실제

단계	프로그램	인지	정서	사회성
신뢰 형성 단계(초급)	[활동 1] 중재견 간식 준비하기	○	○	
	[활동 2] 동물의 인사법 배우기		○	○
	[활동 3] 중재견 만져 보기		○	
	[활동 4] 나의 중재견 찾기	○	○	
	[활동 5] 중재견 엽서 만들기	○	○	
	[활동 6] 강아지 그림 꾸미기	○	○	
	[활동 7] 중재견 발 도장 액자 만들기	○	○	
	[활동 8] 중재견 그리기	○	○	
	[활동 9] 미이라 만들기		○	○
	[활동 10] 중재견 발 모형 만들기	○	○	
	[활동 11] 중재견(소형견) 옷 만들기	○		○

단계	프로그램	인지	정서	사회성
상호작용 단계(중급)	[활동 12] 놀잇감을 활용하여 중재견과 함께 놀아주기		○	○
	[활동 13] 중재견 먹이 주기	○		○
	[활동 14] 중재견 마사지하기		○	○
	[활동 15] 중재견과 함께 산책하기		○	○
	[활동 16] 중재견과 함께 걸을 수 있는 산책로 만들기	○	○	○
	[활동 17] 중재견 목욕시키기		○	○
	[활동 18] 중재견 교육시키기(앉아)	○	○	○
	[활동 19] 중재견 교육시키기(엎드려)	○	○	○
	[활동 20] 중재견 교육시키기(기다려)	○	○	○
	[활동 21] 중재견 교육시키기(부르기)	○	○	○
	[활동 22] 중재견 교육시키기(손)	○	○	○
교감 단계(고급)	[활동 23] 전래놀이(무궁화 꽃이 피었습니다)	○		○
	[활동 24] 중재견과 함께 반환점 돌아오기		○	○
	[활동 25] 원반 던지기	○		○
	[활동 26] 장애물(어질리티) 넘기	○		○
	[활동 27] 플라이 볼	○		○
	[활동 28] 중재견과 함께 숨바꼭질		○	○
	[활동 29] 숨겨진 중재견 찾기	○		○
	[활동 30] 중재견과 함께 춤을		○	○
	[활동 31] 중재견과 함께 구연동화	○	○	○

중재견 간식 준비하기

활동 형태 : 개인   **장소** : 실내 또는 실외   **중심 활동 시간** : 20분

활동 목표
- 집중하여 간식을 정확히 자를 수 있다.
- 간식의 모양과 자르는 속도를 조절하여 자를 수 있다.

기대 효과 : 집중력 향상, 협응력 향상, 자기통제력 향상

준비물 : 중재견, 힙색, 햄(간식), 가위(안전가위), 종이, 그릇, 위생장갑

활동 과정 및 방법

① 오늘의 활동 내용에 대하여 설명한다.

② 두꺼운 선이 그려진 종이와 가위를 아동에게 주고, 선에 맞추어 오려 보도록 한다.

③ 아동이 가위로 선에 맞게 종이를 오리면 바닥에 종이를 깔고, 그 가운데에 물그릇을 놓고 위생장갑을 착용시킨다.

④ 자르는 방법과 자른 간식이 물그릇 속으로 들어갈 수 있도록 해야 한다는 규칙을 설명한다.

⑤ 안전가위를 사용하여 교사의 지도하에 중재견 간식을 자른다.

⑥ 다 자른 중재견 간식을 힙색에 넣는다.

⑦ 주변을 함께 정리한다.

⑧ 오늘 활동에 대한 느낌을 교류한다.

확대 활동

■ 종이를 바닥에 깔아 놓고 손으로 중재견이 먹기 좋게 잘라서 준비한다.

■ 자르는 간식의 크기를 점점 작게 하도록 지도한다.

■ 종이를 바닥에 깔아 놓고 그 가운데에 물그릇을 놓고 가위를 사용하

여 중재견이 먹기 좋게 준비한다. 이때 간식이 물그릇 속에 들어갈
수 있도록 지도한다.

■ 간식을 준비하면서 여러 가지 일상생활에 대한 이야기를 나누어 본
다. 이때 간식 준비를 중단하지 않고 간식 자르기를 하면서 이야기를
나눌 수 있도록 유도한다.

응용 활동

■ 신문이나 잡지에 있는 사진 오려 보기
■ 외곽선이 다양한 모양 오려 보기
■ 다양한 가위를 사용하여 오려 보기

참고 사항

■ 평소에 자신이 기르는 중재견에게 좋은 사료를 먹이는 경우에는 특
별히 간식을 먹일 필요는 없다. 그러나 중재견 교육이나 친화력을 향
상하기 위해서 간식을 조금씩 나누어 주는 것은 중재견에게 큰 문제
를 일으키지는 않는다.

■ 간식은 중재견의 관심을 많이 유도하기 위해서 냄새가 강하고 수분
이 많은 습식 간식을 활용하는 것이 효과가 좋다.

■ 대부분 사람이 먹는 음식은 중재견에게도 괜찮다. 보통 햄과 같은 것
을 많이 사용한다. 중재견 간식을 특별히 구입할 필요는 없다.

■ 간식은 하루 사료 양의 10% 이하로 먹이는 것이 적당하다. 간식을 많
이 먹이면 사료를 잘 안 먹기 때문에 중재견의 건강에 문제가 생길
수도 있다.

■ 간식의 크기는 일반적으로 작은 것보다는 조금 큰 것을 좋아한다.

■ 주의가 산만한 아동의 경우, 처음에는 간식 자르기를 재미있어 하지
만, 시간이 지나면 조금씩 싫증을 내고 싫어한다. 그러므로 조금씩 난

이도를 높이면서, 새로운 방법인 것처럼 유도하여야 한다.

■ 성공에 대한 성취감과 좋아하는 중재견에게 먹이를 줄 수 있는 기회에 대한 기대감을 갖도록 한다.

■ 처음에는 조용한 곳에서 시작하며, 잘하면 조금씩 다양한 환경에 노출하여 수행해 본다.

동물의 인사법 배우기

활동 형태 : 개인　　　**장소** : 실내 또는 실외　　　**중심 활동 시간** : 30분

활동 목표

- 동물의 인사법을 이해하고 표현할 수 있다.
- 중재견의 인사법을 이해하고 표현할 수 있다.

기대 효과 : 상호작용 촉진, 관계 증진, 친밀감 향상

준비물 : 중재견, 힙색, 중재견 간식, 동물 인사 관련 도서(예: 우리처럼 해 봐!)

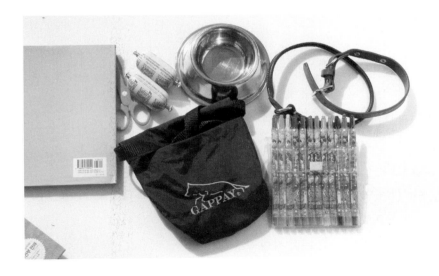

활동 과정 및 방법

　① 오늘의 활동 내용에 대하여 설명한다.

　② 중재견을 옆에 있게 한 후 동화책을 아동과 함께 읽는다.

　③ 동화책의 각 동물의 인사법에 대해서 교사가 행동으로 시범을 보인다.

　④ 아동이 스스로 동물의 인사법을 시연하도록 한다.

　⑤ 교사와 함께 동물 인사법을 시연한다.

　⑥ 오늘 활동에 대한 느낌을 교류한다.

확대 활동

　■ 가장 마음에 드는 동물의 가면을 만들어 본다.

　■ 동물의 가면을 쓰고 다른 친구에게 인사를 해 본다.

　■ 손가락 인형으로 인사를 해 본다.

응용 활동

　■ 교사와 아동의 엉덩이에 테이프로 풍선을 붙이고 네발로 기어다니면
　　서 손으로 풍선떼기 게임하기

　■ 동물 가면을 쓰고 즉석 상황극하기

- 동물로 가족 그림 그리기
- 동물의 감정 표현 이해하기

참고 사항

- 아동이 흥분하여 다치지 않도록 유의한다.
- 아동이 동화책을 읽을 때는 옆에 중재견을 엎드려 있게 하거나 쓰다듬으면서 할 수 있도록 지도한다.
- 동화책을 읽으면서 중재견과 주기적으로 상호작용하도록 지도한다.

중재견 만져 보기

활동 형태 : 개인   **장소** : 실내 또는 실외   **중심 활동 시간** : 20분

활동 목표
- 중재견을 스스로 만질 수 있다.
- 중재견을 만지면서 만진 부분을 말로 표현할 수 있다.

기대 효과 : 상호작용 증진, 친밀감 향상, 자기효능감 증진

준비물 : 중재견, 힙색, 중재견 간식, 목줄, 리드줄

활동 과정 및 방법

① 오늘의 활동에 대하여 설명한다.

② 아동이 보는 앞에서 교사가 중재견을 만지는 방법에 대해서 시범을 보인다.

③ 아동을 교사 뒤에 앉게 하고 교사의 팔 밑으로 만져 보도록 한다.

④ 꼬리부터 시작하여 머리 부분으로 이동하면서 만져 보게 한다.

⑤ 오늘 활동에 대한 느낌을 교류한다.

확대 활동

■ 중재견의 각 부분을 만지면서 명칭을 말로 표현해 본다.

■ 중재견의 각 부분을 만지면서 느낌의 차이를 표현해 본다.

■ 다른 견종을 만지면서 차이를 표현해 본다.

응용 활동

■ 잡지나 그림책의 중재견과 실제 중재견의 같은 부분 매칭 및 이해하기

■ 중재견 모양의 인형을 이용하여 중재견 이해하기

■ 사람과 중재견의 각 부분의 차이 이해하기

참고 사항

- ■중재견을 살펴보는 것은 즐겁고 재미있는 일이지만 아동의 안전에 항상 주의를 기울여야 한다.
- ■중재견은 리드줄을 짧게(20cm 정도) 유지하여 언제든지 통제가 가능하도록 한다.

활동 04 나의 중재견 찾기

활동 형태 : 개인   **장소** : 실내 또는 실외   **중심 활동 시간** : 20분

활동 목표

- 안대를 하고 자신의 애견을 찾을 수 있다.
- 자신의 중재견만이 가지고 있는 고유한 특성을 알 수 있다.

기대 효과 : 상호작용 증진, 관계 증진, 친밀감 향상

준비물 : 중재견, 목줄, 리드줄, 힙색, 중재견 간식, 물, 안대

활동 과정 및 방법

① 오늘의 활동 내용에 대하여 설명한다.

② 중재견에게 목줄과 리드줄을 해 준다.

③ 아동에게 안대를 해 준다.

④ 비슷한 중재견을 여러 마리 준비하여 차례대로 만져 보게 한다.

⑤ 모두 만져 본 후 어떤 중재견이 자신의 중재견인지 맞춰 보게 한다.

⑥ 활동이 끝나면 중재견과 함께 즐겁게 놀아 주고 중재견에게 물을 준후 휴식할 수 있도록 해 준다.

⑦ 오늘 활동에 대한 느낌을 교류한다.

확대 활동

- 처음에는 발바닥, 털 등을 만져도 쉽게 알 수 없는 부분을 만지도록 유도하고, 맞추지 못하면 점점 쉬운 부분을 만지도록 한다.
- 중재견에게 얇은 천을 씌우고 만지게 한 후 맞춰 보게 한다.
- 중재견의 특정 부위를 만졌을 때의 느낌을 말로 표현해 본다.

응용 활동

- 사람과 중재견의 같은 부분 만져 보기
- 중재견의 여러 부분을 만져 보고 촉감의 차이를 표현하기
- 다양한 물건을 만져 보고 맞추기 및 느낌 표현하기

참고 사항

- 중재견을 만질 때 너무 세게 만지지 않도록 한다.
- 중재견의 민감한 부분을 만질 때는 중재견이 놀라거나 갑작스러운 행동을 할 수 있으므로 주의를 기울여야 한다.
- 아동이 중재견을 만지면서 심한 장난을 하지 않도록 주의한다.

중재견 엽서 만들기

활동 형태 : 개인　　**장소** : 실내 또는 실외　　**중심 활동 시간** : 20분

활동 목표

- 중재견을 위한 엽서를 직접 만들 수 있다.
- 다양한 재료를 활용하여 엽서를 만들 수 있다.

기대 효과 : 친밀감 향상, 신체 기능 향상, 집중력 향상

준비물 : 투명종이, 종이, 지우개, 크레파스, 색연필, 풀, 목줄, 리드줄,
중재견 간식, 중재견 물그릇, 소(중)형견 한 두, 배변 봉투,
물휴지, 중재견 장난감, 반려견 또는 반려동물 사진이 있는 잡지

활동 과정 및 방법

① 오늘의 활동 내용에 대하여 설명한다.

② 아동과 함께 중재견 엽서를 어떻게 꾸밀 것인지 이야기한다.

③ 개 사진이 있는 잡지 위에 투명종이를 올려 놓는다.

④ 연필로 밑그림을 따라 그린다.

⑤ 그려진 투명종이를 색연필 등으로 꾸민다.

⑥ 가위로 오려서 엽서 모양으로 자른 종이 위에 붙인다.

⑦ 색연필 등으로 꾸며서 마무리한다.

⑧ 아동과 함께 주변을 정리한다.

⑨ 아동과 함께 손을 씻은 후 오늘 활동의 느낌을 교류한다.

확대 활동

■ 신문이나 잡지의 내용이나 그림을 오려서 해 본다.

■ 중재견 포스터를 만들어 본다.

■ 물감을 활용하여 엽서 꾸미기를 해 본다.

응용 활동

- 중재견에게 하고 싶은 이야기 써 보기
- 중재견 앨범 만들기
- 신문이나 잡지의 동물 그림을 오린 후 도화지에 풀로 붙여서 동물 농장 만들기

참고 사항

- 문구류를 사용할 때 다치지 않도록 주의한다.
- 아동이 활동 중에는 중재견을 항상 옆에 있게 한다.
- 중재견이 계속해서 움직이거나 힘들어하면 휴대용 케이지(Cage)에 넣어서 옆에 두어도 된다.
- 중재견 엽서를 만들 때는 아동이 주기적으로 중재견과 이야기를 나누면서 할 수 있도록 유도한다.

강아지 그림 꾸미기

활동 형태 : 개인　　**장소** : 실내 또는 실외　　**중심 활동 시간** : 20분

활동 목표

- 강아지 그림을 크레파스와 색연필로 꾸밀 수 있다.
- 강아지 그림을 자신의 생각대로 색깔을 표현할 수 있다.

기대 효과 : 친밀감 향상, 신체 기능 향상, 집중력 향상, 표현력 증진

준비물 : 중재견, 힙색, 중재견 간식, 물그릇, 목줄, 리드줄, 크레파스,
　　　　도화지, 색연필, 흑백 중재견 선그림

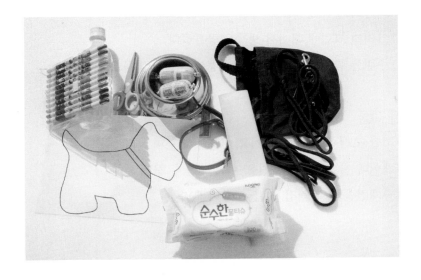

활동 과정 및 방법

① 오늘 활동 내용에 대해서 설명한다.

② 테이블에 강아지 그림이 그려진 도화지와 색연필, 그리고 크레파스를 준비한다.

③ 아동에게 자신이 좋아하는 크레파스와 색연필의 색깔을 선택하게 한다.

④ 아동이 색칠을 하는 동안 중재견은 테이블 옆에 엎드리거나 앉아서 기다리게 한다.

⑤ 그려진 그림에 대해서 생각을 공유한다.

⑥ 주변을 함께 정리하고 오늘 활동에 대한 느낌을 교류한다.

확대 활동

■ 색깔 모래 등 다양한 소재를 이용하여 꾸며 본다.

■ 책이나 잡지에서 중재견을 보고 그린 후 꾸며 본다.

■ 중재견을 보고 직접 그린 후 꾸며 본다.

응용 활동

- 표정이 있는 동물 그림 그리기
- 다양한 동물 그림 그리기
- 가족을 동물로 표현하여 그리기

참고 사항

- 강아지 그림이 그려진 도화지를 활용하는 것은 자유롭게 색을 칠해 보게 하여 아동의 감정이나 정서를 표현하게 하기 위함이다.
- 주어진 강아지 그림을 반드시 사용해야 하는 것은 아니므로 자유롭게 강아지 그림을 그리게 하여도 된다.
- 아동이 자유롭게 색을 선택할 수 있도록 유도한다.
- 아동이 크레파스를 가지고 장난하지 않도록 한다.
- 중재견이 직접 활동하지 않기 때문에 아동 옆에서 기다리도록 해 준다.
- 그림에만 집중하지 않고 옆에 있는 중재견을 주기적으로 보면서 살펴볼 수 있도록 한다.

중재견 발 도장 액자 만들기

활동 형태 : 개인   **장소** : 실내 또는 실외   **중심 활동 시간** : 20분

활동 목표

- 점토를 이용하여 중재견의 발 도장을 찍을 수 있다.
- 색모래를 이용하여 액자를 예쁘게 꾸밀 수 있다.

기대 효과 : 집중력 향상, 신체 기능 향상, 자기효능감 증진, 표현력 증진

준비물 : 중재견, 힙색, 중재견 간식, 밥그릇, 중재견 먹이, 목줄,
리드줄 2개, 물감, 붓, 도화지, 천사점토(大) 3~5종,
접착식 우드락보드 2장, 색모래(5종)

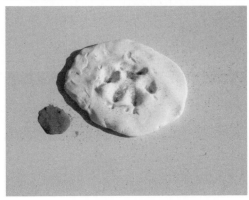

활동 과정 및 방법

① 오늘 활동 내용에 대해서 설명한다.

② 흰색 점토를 적당한 크기로 준비한 다음 평평하게 만든다.

③ 동그랗고 평평하게 만든 점토판 위에 중재견의 발을 올리게 하여 발 도장을 점토에 새긴다.

④ 발이 찍힌 점토를 우드락보드에 올려 놓는다.

⑤ 우드락 주변을 다른 점토로 꾸민다.

⑥ 색모래를 활용하여 발이 찍힌 점토 주변을 꾸민다.

⑦ 주변을 아동과 함께 정리한다.

⑧ 오늘 활동에 대한 느낌을 교류한다.

확대 활동
- 아동의 손이나 발을 점토 위에 올려 놓고 모양을 만들어 본다.
- 손과 발모양이 나온 점토판에 물감으로 색깔을 칠해 본다.
- 종이 위에 중재견 발을 찍은 후 예쁘게 색칠을 한다.
- 색깔이 있는 점토를 사용해 다양한 모양을 만들어 본다.

응용 활동
- 아동과 중재견의 발에 물감을 묻힌 후 종이 위에서 걸어 보기
- 다양한 물건을 점토에 찍어 보기
- 가족 손도장 액자 만들기

참고 사항
- 물감의 선택은 아동이 할 수 있도록 배려한다.
- 점토나 색모래를 가지고 장난하지 않도록 주의한다.
- 중재견이 점토나 색모래를 먹거나 중재견에게 모래가 튀지 않도록 주의한다.

활동 08　중재견 그리기

활동 형태 : 개인　　**장소** : 실내 또는 실외　　**중심 활동 시간** : 20분

활동 목표

- 중재견 발을 종이 위에 올려서 색연필로 그릴 수 있다.
- 그려진 중재견의 발을 자신의 생각대로 꾸밀 수 있다.

기대 효과 : 친밀감 향상, 신체 기능 향상, 집중력 향상, 표현 능력 향상

준비물 : 중재견, 힙색, 간식, 밥그릇, 중재견 간식, 목줄, 리드줄 두 개,
　　　　색연필, 도화지

활동 과정 및 방법

① 오늘 활동 내용에 대해서 설명한다.

② 바닥에 도화지를 준비한다.

③ 중재견 발을 도화지 위에 올린 다음 교사가 먼저 발 모양을 따라 그리는 시범을 보인다.

④ 아동이 발 모양대로 색연필을 사용하여 따라 그리도록 도와준다.

⑤ 아동과 함께 색연필로 발 모양을 꾸며 본다.

⑥ 주변을 함께 정리한다.

⑦ 오늘 활동에 대한 느낌을 교류한다.

확대 활동

■ 전지를 사용하여 중재견을 눕거나 엎드리게 하여 전체를 그려 보도록 한다.

■ 아동의 손 모양도 도화지 위에 올려 놓고 따라 그려 본다.

■ 교사의 손과 아동의 손, 그리고 중재견의 발 모양 그림을 보며 비교 관찰해 본다.

응용 활동

- 강아지 모형 장난감을 이용하여 따라 그리기
- 모양이 다른 물건을 따라 그리기
- 먹물을 이용하여 강아지 그리기

참고 사항

- 아동이 그리기 활동을 하는 동안 심한 장난을 하지 않도록 주의한다.
- 그리기 위한 색을 아동이 스스로 선택할 수 있도록 지도한다.
- 아동이 꾸미기 활동을 하는 동안 스스로 생각과 느낌을 표현할 수 있도록 유도한다.
- 아동이 중간에 포기하지 않고 끝까지 마무리할 수 있도록 지도한다.
- 아동이 색연필을 가지고 장난하지 않도록 주의한다.

미이라 만들기

활동 형태 : 개인   **장소** : 실내 또는 실외   **중심 활동 시간** : 30분

활동 목표
- 화장지를 이용하여 중재견을 순서에 따라 감을 수 있다.
- 중재견에 감아 놓은 화장지를 다시 풀 수 있다.

기대 효과 : 자기통제력 향상, 신체 기능 향상, 집중력 향상

준비물 : 중재견, 힙색, 중재견 간식, 밥그릇, 목줄, 리드줄 두 개, 롤 화장지, 물감, 그릇

활동 과정 및 방법

① 오늘 활동 내용에 대해서 설명한다.

② 롤 화장지를 풀어서 준비한다.

③ 아동이 화장지로 중재견 몸통, 다리, 꼬리 순으로 감는다.

④ 화장지로 감긴 중재견의 몸을 물감을 이용하여 예쁘게 꾸민다.

⑤ 중재견의 몸을 감았던 화장지를 다시 풀어 준다.

⑥ 아동과 함께 주변을 정리한다.

⑦ 오늘 활동에 대한 느낌을 교류한다.

확대 활동

■ 아동과 중재견, 중재자와 중재견을 함께 화장지를 이용하여 감아 본다.

■ 전지를 사용하여 중재견을 눕거나 엎드리게 하여 전체를 화장지로 감아 본다.

■ 몸에 감았던 화장지를 물감을 푼 통에 넣어 화장지에 색이 물들게 한 후 공처럼 만들어 벽에 붙여놓은 도화지에 던져 본다.

응용 활동

- 중재견 모양의 큰 인형을 이용하여 미이라 놀이하기
- 부모 또는 다른 가족과 함께 미이라 놀이하기
- 다양한 모양을 화장지로 감아 보기 및 색칠하기

참고 사항

- 중재견이 미이라 활동을 할 수 있도록 '기다려' 훈련이 되어 있으면 활동이 좀 더 용이하다.
- 물감은 아동이 스스로 선택할 수 있도록 지도한다.
- 롤 화장지로 감기와 풀기를 할 때 천천히 하여 엉키지 않도록 주의한다.
- 롤 화장지를 풀 때 아동이 심하게 장난치지 않도록 주의한다.
- 물감이 중재견의 눈이나 몸에 묻지 않도록 주의한다.

활동 10 중재견 발 모형 만들기

활동 형태 : 개인 **장소** : 실내 **중심 활동 시간** : 30분

활동 목표
- 알지네이트를 이용하여 중재견의 발 모형을 만들 수 있다.
- 물감을 이용하여 발 모형을 예쁘게 꾸밀 수 있다.

기대 효과 : 친밀감 향상, 자기효능감 향상, 신체 기능 향상

준비물 : 알지네이트, 물, 알지네이트용 우레탄 RGT-Q(또는 초경석고),
사포, 조소나 물감(금 · 은색), 붓, 칼, 가위, 플라스틱 상자(소),
종이컵, 목줄, 리드줄, 중재견 간식, 물그릇, 소(중)형견 한 두,
배변 봉투, 물휴지

활동 과정 및 방법

① 오늘 활동 내용에 대해서 설명한다.

② 종이컵에 알지네이트와 물을 1:1 비율로 넣은 후 재빨리 섞는다.

③ 반죽된 알지네이트를 상자(소)에 채워 넣는다.

④ 알지네이트가 굳기 전에 중재견 발을 넣고 움직이지 못하게 한다.

⑤ 3~4분 정도 지난 후에 조심해서 빼낸다.

⑥ 알지네이트용 우레탄 RGT-Q의 주제를 먼저 배합용기에 붓고 경화제를 배합용기에 부은 후 젖는다.

⑦ 40~50초 동안 배합한 후 바로 알지네이트 몰드에 붓는다.

⑧ 3~4분 후에 경화된 것을 확인하고 몰드에서 빼내면 된다.

⑨ 사포나 칼을 이용하여 다듬는다.

⑩ 붓으로 조소나 물감을 칠하여 말린다.

⑪ 아동과 함께 주변을 정리한다.

⑫ 아동과 함께 손을 씻은 후 오늘 활동의 느낌을 교류한다.

확대 활동

■ 밀가루로 발 모형 만들기를 해 본다.

■ 찰흙으로 발 모형 만들기를 해 본다.

응용 활동

■ 손 모양 만들어 보기

■ 사람 손과 중재견 발, 사람 발과 중재견 발 비교해 보기

참고 사항

■ 우레탄 수지(알지네이트용 우레탄 RGT-Q)가 피부에 닿지 않도록 주의하고, 피부에 묻었을 경우 매우 빨리 경화되기 때문에 화장지로 즉시 닦아 낸다.

■ 알지네이트를 반죽할 때는 계량컵으로 물의 양을 정확히 계량해서 붓도록 하고, 기포가 없도록 잘 반죽한다.

■ 중재견이 재료를 먹지 않도록 주의한다.

중재견(소형견) 옷 만들기

활동 형태 : 개인   **장소** : 실내   **중심 활동 시간** : 30분

활동 목표

- 스텐실을 이용하여 중재견 옷을 꾸밀 수 있다.
- 간단한 중재견 용품을 만들 수 있다.

기대 효과 : 집중력 향상, 자기통제력 향상, 자기효능감 증진, 협응력 증진

준비물 : 물감, 팔레트, 스펀지, 물통, 유성 사인펜, 동물 모형이 파여 있는
종이, 중재견 의류 1벌(흰색), 목줄, 리드줄, 중재견 간식,
중재견 물그릇, 소형견 한 두, 배변 봉투, 물휴지

활동 과정 및 방법

① 오늘 활동 내용에 대해서 설명한다.

② 중재견을 옆에 두고 중재견 옷을 어떻게 꾸밀 것인지 이야기한다.

③ 중재견 옷에 물감과 동물 모형이 파여 있는 종이를 활용하여 꾸미기

　활동을 한다.

④ 중재견에게 옷을 입혀 본다.

⑤ 주변을 함께 정리한다.

⑥ 오늘 활동의 느낌을 교류한다.

확대 활동

■ 부직포를 이용하여 중재견(중형견)을 꾸며 본다.

■ 위그(가발)를 이용하여 중재견을 꾸며 본다.

■ 풍선을 이용하여 중재견을 꾸며 본다.

응용 활동

■ 중재견 목걸이 만들어 보기

■ 중재견 손수건(스카프) 만들어 보기

■중재견 리본 만들어 보기

참고 사항

■부직포를 사용하여 중재견 옷 만들기를 하는 경우에는 소형견이 너무 작아서 활동에 어려움이 있으므로 중형견 이상으로 활동하는 것이 바람직하다.

■물감을 가지고 장난하지 않도록 주의한다.

■물감이 중재견의 눈이나 귀에 들어가지 않도록 주의한다.

■중재견이 물감을 먹지 않도록 주의한다.

놀잇감을 활용하여 중재견과 함께 놀아 주기

활동 형태 : 개인　　**장소** : 실내 또는 실외　　**중심 활동 시간** : 20분

활동 목표

- 놀잇감을 활용하여 중재견과 함께 놀이 활동을 할 수 있다.
- 새로운 놀잇감을 스스로 만들 수 있다.
- 중재견이 좋아하는 놀잇감을 구별할 수 있다.

기대 효과 : 관계 증진, 상호작용 촉진, 자기통제력 향상

준비물 : 중재견, 힙색, 햄(간식), 수건, 투명테이프, 목줄, 리드줄

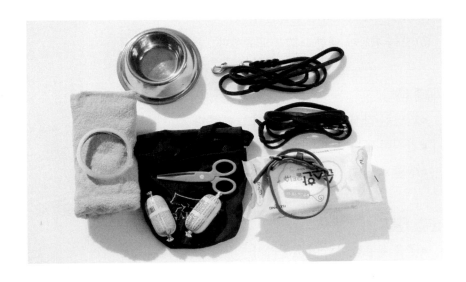

활동 과정 및 방법

① 오늘의 활동 내용에 대하여 설명한다.

② 수건 속에 냄새가 많이 나는 간식을 숨긴 다음 투명테이프로 단단히 수건을 감싼다.

③ 간식이 숨겨져 있는 수건을 중재견 앞에서 좌우로 흔들어 관심을 유도한다.

④ 중재견이 수건을 물면 밀고 당기기를 한다.

⑤ 5회 이상 반복하여 연습한다.

⑥ 오늘 활동에 대한 느낌을 교류한다.

확대 활동

■ 다양한 간식을 수건에 숨겨서 놀아 준다.

■ 간식이 없는 수건을 가지고 놀아 준다.

■ 양말 속에 간식을 숨긴 후 놀아 준다.

응용 활동

■ 공을 활용하여 놀이 활동하기

- 인형을 활용하여 놀이 활동하기
- 원반을 활용하여 놀이 활동하기
- 소리 나는 장난감을 활용하여 놀이 활동하기

참고 사항

- 중재견마다 좋아하는 장난감이나 놀이 방법이 다르므로 평소에 무엇을 좋아하는지 주의 깊게 관찰하면 도움이 된다.
- 너무 오랜 시간 동안 놀이 활동을 하면 중재견이 더 이상 그 활동을 하고 싶지 않을 수 있다. 따라서 더 놀고 싶어 하는 모습을 보일 경우, 활동을 중지하여 다음에 또 활동하고 싶어 하도록 하는 것이 좋다.
- 밀고 당기기 놀이 활동처럼 중재견과 승패를 결정하는 놀이에서 항상 중재견이 이기는 것은 바람직하지 않으므로, 활동을 마무리할 때는 아동이 이기는 것으로 정리하는 것이 바람직하다.
- 일반적으로 개는 움직이는 물체를 본능적으로 좋아한다. 놀잇감에 움직임을 많이 주면 중재견의 관심을 더 쉽게 유도할 수 있다.
- 너무 작은 장난감은 중재견이 삼킬 수 있으므로 주의한다.
- 성격이 활동적인 개는 움직이는 놀이 활동이 바람직하며, 활동적인 것을 좋아하지 않는 개는 정적인 놀이 활동을 하는 것이 바람직하다.
- 교사는 리드줄이 짧은 것을 사용하여 중재견을 통제하도록 한다.

활동 13 중재견 먹이 주기

활동 형태 : 개인   **장소** : 실내 또는 실외   **중심 활동 시간** : 20분

활동 목표
- 중재견 밥그릇에 숫자를 세면서 사료를 넣을 수 있다.
- 중재견을 기다리게 한 후 명령에 의해서 사료를 먹게 할 수 있다.

기대 효과 : 집중력 향상, 친밀감 향상, 자기통제력 향상

준비물 : 중재견, 힙색, 간식, 밥그릇, 중재견 먹이, 목줄, 리드줄 두 개

활동 과정 및 방법

① 오늘 활동 내용에 대해서 설명한다.

② 아동은 사료를 손에 쥐고 밥그릇에 숫자를 세면서 담는다.

③ 중재견에게 "기다려, 열을 세고 먹어야지." 하고 아동에게 하나부터 열까지 세게 한 다음 중재견이 먹게 한다.

④ 5회 이상 반복한다.

⑤ 아동과 함께 주변을 정리한다.

⑥ 오늘 활동에 대한 느낌을 교류한다.

확대 활동

- 숫자 세기를 조금씩 늘리면서 먹이를 준다.
- 숫자 거꾸로 세기를 하면서 먹이를 준다.
- 숫자 배수로 세기를 하면서 먹이를 준다.

응용 활동

- 간식을 이용하여 활동하기
- 장난감을 이용하여 활동하기

■ 물을 이용하여 활동하기

참고 사항

■ 중재견이 아동의 손에 충격을 가하지 않도록 충분히 교육시킨 다음 프로그램에 참여시킨다.
■ 중재자는 리드줄이 짧은 것을 사용하여 중재견을 통제한다.
■ 먹이 그릇은 스테인레스 제품이나 플라스틱 제품을 사용하도록 한다.
■ 1회 실시하는 먹이의 양은 일반 사료 기준으로 10알 정도로 한다.

활동 14 중재견 마사지하기

활동 형태 : 개인   **장소** : 실내 또는 실외   **중심 활동 시간** : 20분

활동 목표

• 중재견의 몸을 편안하게 마사지해 줄 수 있다.

• 순서에 따라 정확히 마사지를 할 수 있다.

기대 효과 : 관계 증진, 상호작용 촉진, 친밀감 형성

준비물 : 중재견, 힙색, 중재견 간식, 물, 목줄, 리드줄

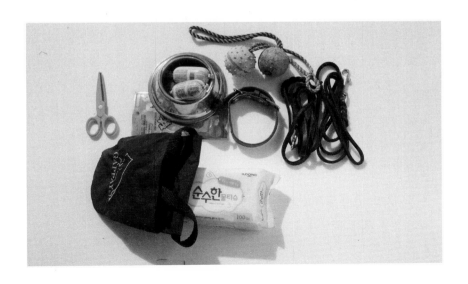

활동 과정 및 방법

① 오늘의 활동 내용에 대하여 설명한다.

② 중재견의 등을 천천히, 부드럽게 쓰다듬는다.

③ 칭찬이나 이야기를 하면서 쓰다듬는다.

④ 아동이 쓰다듬기를 두려워하면 교사의 손 위에 아동의 손을 포개어 손가락 사이로 아동의 손가락이 나오게 하고 교사가 손을 움직여 쓰다듬어 준다.

⑤ 중재견의 다른 부분에 대해서 ②~④를 반복한다.

⑥ 오늘 활동에 대한 느낌을 교류한다.

확대 활동

■ 빠르게 혹은 느리게 변화를 주어 마사지한다.

■ 브러시를 이용하여 마사지한다.

■ 다른 중재견을 마사지한다.

■ 쓰다듬으면서 중재견의 행동 변화를 관찰한다.

■ 다양한 자세에서 마사지를 해 본다.

응용 활동

- 중재견에게 T-touch 해 보기(46쪽 참조)
- 다양한 강아지 스트레스 해소법 알아보기
- 중재견과 함께 요가하기

참고 사항

- 마사지를 할 때는 가능한 천천히, 낮고 부드러운 음성으로 이야기하는 것이 중재견으로 하여금 편안함을 느끼게 한다.
- 마사지를 강하고 빠르게 하면 중재견이 아파하기도 하고, 중재견이 놀아 주는 것으로 알고 흥분할 수도 있다.
- 마사지를 할 때에는 쉬운 부분부터 시작하여 점점 어려운 부분을 할 수 있도록 지도한다.

활동 15 중재견과 함께 산책하기

활동 형태 : 개인   **장소** : 실외   **중심 활동 시간** : 30분

활동 목표

- 산책로에서 중재견과 함께 보조를 맞추어 산책할 수 있다.
- 중재견과 산책 중 타인에게 인사하면서 중재견을 소개할 수 있다.
- 중재견과 산책하는 중 중재견의 용변을 스스로 처리할 수 있다.

기대 효과 : 상호작용 촉진, 자기통제력 향상, 신체 기능 향상

준비물 : 중재견, 힙색, 배변 봉투, 중재견 간식, 물, 목줄, 리드줄 두 개

활동 과정 및 방법

① 오늘의 활동 내용에 대하여 설명한다.

② 중재견에게 목줄와 리드줄 두 개를 연결한다.

③ 짧은 리드줄은 교사가, 긴 리드줄은 아동이 잡도록 한다.

④ "가자"라고 말하면서 함께 걸어 본다.

⑤ 잘 따라서 걸으면 주기적으로 "참 잘했어"라고 칭찬한 후 다시 함께
　걷는다.

⑥ 산책이 모두 끝나면 물을 준다.

⑦ 오늘 활동에 대한 느낌을 교류한다.

확대 활동

■ 보행자 도로에서 산책을 한다.

■ 사람이 많이 모이는 공원에서 산책을 한다.

■ 줄을 점점 느슨하게 잡고 산책을 한다.

■ 아동과 함께 목적지를 정하고 목적지까지 산책을 한다.

응용 활동

- ■ 산책 중 정지와 걷기를 반복해 수행해 보기
- ■ 산책 중 불규칙적으로 걷는 방향을 바꾸어 보기
- ■ 테이프나 노끈을 이용하여 바닥에 줄을 그은 후 그 줄을 따라서 중재견과 함께 걸어 보기
- ■ 산책 중 타인이 대화를 걸어오는 경우 중재견에 대한 이야기 나누어 보기

참고 사항

- ■ 중재견이 잘 따라오지 않거나 걷지 않으려고 하면 중재견 간식을 이용하여 조금씩 걷도록 유도한다.
- ■ 처음에는 실내에서 충분한 연습을 한 후 실외로 나가서 산책한다.
- ■ 산책은 훈련이 아니고 즐거운 활동이다. 산책 중에 중재견을 훈련시키거나 교육시키는 것은 중재견에게 산책이 즐겁지 않은 활동으로 기억되므로 가급적 교육이나 훈련은 하지 않는 것이 좋다.
- ■ 중재견과 함께 산책하는 것은 중재견과 함께 나란히 걷는 것을 의미한다. 중재견이 아동을 끌고 가거나 아동이 중재견을 끌고 가는 것은 바람직하지 않다.
- ■ 중재견과 함께 산책을 할 때는 중재견이 가는 길을 생각해야 한다. 중재견은 아동보다 낮은 위치에서 걸어가기 때문에 어려움이 많다. 그러므로 중재견이 걸어 가는 모습을 계속 관찰하면서 편하게 걸어 갈 수 있도록 해 주어야 한다.

중재견과 함께 걸을 수 있는 산책로 만들기

활동 형태 : 개인   **장소** : 실외   **중심 활동 시간** : 30분

활동 목표
- 꽃소금을 이용하여 꽃길을 만들 수 있다.
- 중재견과 함께 꽃길을 걸을 수 있다.

기대 효과 : 상호작용 증진, 집중력 향상, 자기효능감 증진, 자기통제력 향상

준비물 : 전지, 테이프, 도화지, 파스텔, 장식용 꽃, 초, 꽃소금, 크레파스,
목줄, 리드줄, 중재견 간식, 물그릇, 소(중)형견 한 두, 배변봉투,
물휴지

활동 과정 및 방법

① 오늘 활동 내용에 대해서 설명한다.

② 도화지 위에서 꽃소금을 가지고 아동과 함께 자유롭게 놀아 준다.

③ 꽃소금을 가지고 아동과 놀면서 꽃소금 길을 어떻게 만들 것인지 이 야기한다.

④ 꽃소금을 여러 전지에 나눈 후 파스텔을 사용하여 색을 예쁘게 입 힌다.

⑤ 연결한 전지 위에 크레파스를 이용하여 꽃길을 그린다.

⑥ 그려진 꽃길에 색소금을 뿌려서 꾸민다.

⑦ 장식용 꽃이나 초를 활용하여 예쁘게 꽃길을 꾸민다.

⑧ 만들어진 꽃길을 개와 함께 산책한다.

⑨ 아동과 함께 주변을 정리한다.

⑩ 아동과 손을 함께 씻은 후 오늘 활동에 대한 느낌을 교류한다.

확대 활동

■ 꽃길 소품을 다양하게 준비하여 활동해 본다.

■ 꽃소금 길에 어울리는 장신구(머리띠, 팔찌 등)를 만들어 본다.

- 종이에 하고 싶은 말을 적어 이정표를 만들어 본다.
- 종이를 연결할 때 갈래 길을 만들어 본다.

응용 활동

- 모래로 산책로 만들고 산책하기
- 밀가루로 산책로 만들고 산책하기
- 화장지로 산책로 만들고 산책하기

참고 사항

- 꽃소금과 파스텔을 친구에게 뿌리지 않도록 주의한다.
- 중재견이 꽃소금이나 파스텔을 먹지 않도록 주의한다.
- 중재견과 산책로를 따라 걸을 때 중재견과 함께 걸을 수 있도록 지도 한다.
- 산책로를 꾸밀 때 아동이 재료를 자유롭게 선택할 수 있도록 지도 한다.

중재견 목욕시키기

활동 형태 : 개인   **장소** : 실내   **중심 활동 시간** : 30분

활동 목표

- 자신의 중재견을 목욕시킬 수 있다.
- 중재견의 목욕 순서와 절차를 정확히 이해할 수 있다.

기대 효과 : 상호작용 증진, 관계 증진, 친밀감 향상, 신체 기능 향상

준비물 : 중재견, 목줄, 리드줄, 힙섹, 중재견 간식, 물, 중재견용 샴푸, 빗, 드라이

활동 과정 및 방법

① 오늘의 활동 내용에 대하여 설명한다.

② 목욕을 시킬 수 있도록 목욕용품을 준비한다.

③ 중재견의 엉킨 털을 풀어 주기 위해서 빗질을 한다.

④ 목욕을 하기 전에 주의 사항을 설명한다.

⑤ 중재견의 털이 완전히 물에 젖게 물을 뿌려 준다.

⑥ 샴푸를 이용하여 목욕을 시킨다.

⑦ 샴푸 후 몸에 샴푸가 남지 않도록 깨끗하게 헹궈 준다.

⑧ 마른 수건으로 닦아 준다.

⑨ 빗질하여 털을 고르게 한다.

⑩ 드라이를 이용하여 말려 준다.

⑪ 목욕이 끝나면 아동이 중재견과 함께 즐겁게 놀아 주고 중재견에게
   물을 먹인 후 휴식할 수 있도록 해 준다.

⑫ 아동과 함께 주변을 정리한다.

⑬ 오늘 활동에 대한 느낌을 교류한다.

확대 활동

- 중재견과 함께 물놀이를 한다.
- 중재견과 함께 목욕을 한다.
- 비누 거품을 활용하여 거울에 강아지를 그려 본다.

응용 활동

- 공원에 설치된 놀이 분수에 중재견과 함께 들어가 보기
- 중재견과 함께 수영해 보기
- 물속에서 거품으로 중재견 마사지하기

참고 사항

- 중재견은 필요할 때만 목욕을 시킨다. 목욕을 자주 하면 털의 윤기가 없어지고 거칠어지며 푸석해질 수 있다.
- 예방접종을 한 직후라면 목욕이 적합하지 않다.
- 귀에 물이 들어가지 않도록 주의한다.
- 샴푸를 할 때 너무 세게 하지 않도록 한다.
- 털이 젖어 있으면 피부병의 원인이 되기 때문에 드라이를 할 때는 털을 완전히 말린다.

중재견 교육시키기(앉아)

활동 형태 : 개인　　**장소** : 실내 또는 실외　　**중심 활동 시간** : 20분

활동 목표

- 중재견에게 '앉아'를 교육시킬 수 있다.
- 다양한 장소에서 '앉아'를 할 수 있다.

기대 효과 : 상호작용 촉진, 자기효능감 증진, 집중력 향상

준비물 : 중재견, 목줄, 리드줄, 힙섹, 중재견 간식, 물

활동 과정 및 방법

① 오늘의 활동 내용에 대하여 설명한다.

② 중재견에게 목줄과 리드줄을 해 준다.

③ 아동이 중재견을 마주보고 선다.

④ 중재견이 좋아하는 간식을 준비하여 여러 개로 작게 나눈다.

⑤ 간식 하나를 오른손 엄지손가락과 검지손가락으로 들고 중재견의 코 앞에 두고 냄새를 맡게 한다.

⑥ 간식을 든 오른손을 천천히 위로 올린다.

⑦ 중재견이 손을 따라 머리를 들어 올리면 무게중심이 뒤로 쏠리며 자연스럽게 엉덩이가 바닥으로 내려간다. 이때, "앉아"라고 명령한다.

⑧ 중재견이 앉으면 곧바로 간식을 주며 "잘했어"라고 칭찬하며 쓰다듬는다.

⑨ ⑤~⑧번을 5회 반복한다.

⑩ 오늘 활동에 대한 느낌을 교류한다.

확대 활동

■ "앉아"라고 했을 때 앉은 후 조금씩 시간을 늘려서 시도해 본다.

- 간식 없이 '앉아'를 교육시켜 본다.
- 리드줄을 하지 않고 '앉아'를 교육시켜 본다.
- 말을 하지 않고 손으로만 '앉아'를 교육시켜 본다.

응용 활동

- 다양한 장소에서 '앉아'를 교육시켜 보기
- 다른 사람이 내 중재견에게 '앉아'를 교육시켜 보기
- 다른 사람에게 '앉아' 훈련시키는 법 알려 주기

참고 사항

- '앉아'는 주인과 신뢰가 형성된 후 가장 먼저 시킬 수 있는 교육으로 이후 다양한 교육을 추가할 수 있다.
- 중재견이 앉지 않으면 "앉아"라고 명령하며 오른손으로 엉덩이를 살짝 눌러서 중재견이 앉는 것을 도와준다. 중재견이 앉으면 칭찬하면서 즉시 간식을 준다.
- 중재견이 처음에는 아동의 의도를 이해하지 못할 수 있으므로 참을성을 가지고 천천히 시도해 본다.

활동 **중재견 교육시키기(엎드려)**
19

활동 형태 : 개인　　**장소** : 실내 또는 실외　　**중심 활동 시간** : 20분

활동 목표

- 중재견에게 '엎드려'를 교육시킬 수 있다.
- 다양한 장소에서 '엎드려'를 할 수 있다.

기대 효과 : 상호작용 증진, 자기효능감 증진, 집중력 향상

준비물 : 중재견, 목줄, 리드줄, 힙섹, 중재견 간식, 물

활동 과정 및 방법

① 오늘의 활동 내용에 대하여 설명한다.

② 중재견에게 목줄과 리드줄을 해 준다.

③ 아동이 중재견을 마주보고 선다.

④ 중재견이 좋아하는 간식을 준비하여 여러 개로 작게 나눈다.

⑤ [활동 18]의 '앉아'를 지시한다.

⑥ 앉아 있는 중재견에게 간식을 든 손을 밑으로 내려 강아지가 손을 따라 머리를 밑으로 내리면 손을 앞쪽으로 조금 움직여 코가 바닥에 닿을 수 있도록 한다. 이때 "엎드려"라고 명령한다.

⑦ 중재견이 엎드리면 곧바로 간식을 주며 "잘했어"라고 칭찬하며 쓰다듬는다.

⑧ ⑤~⑦번을 5회 반복한다.

⑨ 오늘 활동에 대한 느낌을 교류한다.

확대 활동

■ "엎드려"라고 했을 때 엎드리면 시간을 조금씩 늘리면서 시도해 본다.

■ 간식 없이 '엎드려'를 교육시켜 본다.

- 리드줄을 하지 않고 '엎드려'를 교육시켜 본다.
- 말을 하지 않고 손으로만 '엎드려'를 교육시켜 본다.

응용 활동

- 다양한 장소에서 '엎드려'를 교육시켜 보기
- 다른 사람이 내 중재견에게 '엎드려'를 교육시켜 보기
- 다른 사람에게 '엎드려' 훈련 방법 알려 주기

참고 사항

- '엎드려'는 중재견으로 하여금 오랜 시간 기다리게 할 때 활용할 수 있는 교육 방법이다.
- '앉아', '엎드려'는 중재견 교육의 가장 기본이 되는 교육이다.
- 중재견이 처음에는 아동의 의도를 이해하지 못할 수 있으므로 참을성을 가지고 천천히 시도해 본다.

활동 20 중재견 교육시키기(기다려)

활동 형태 : 개인   **장소** : 실내 또는 실외   **중심 활동 시간** : 20분

활동 목표

- 중재견에게 '기다려'를 교육시킬 수 있다.
- 다양한 장소에서 '기다려'를 할 수 있다.

기대 효과 : 상호작용 증진, 자기효능감 증진, 집중력 향상

준비물 : 중재견, 목줄, 리드줄, 힙섹, 중재견 간식, 물

활동 과정 및 방법

① 오늘의 활동 내용에 대하여 설명한다.

② 중재견에게 목줄과 리드줄을 해 준다.

③ 아동이 중재견을 마주보고 선다.

④ 중재견이 좋아하는 간식을 준비하여 여러 개로 작게 나눈다.

⑤ [활동 18]의 '앉아'나 [활동 19]의 '엎드려'를 지시한다.

⑥ 앉아 있거나 엎드려 있는 중재견에게 "기다려"라고 하면서 조금씩 뒤로 움직인다.

⑦ 만약 움직이면 "안 돼"라고 하면서 ⑤부터 다시 시작한다.

⑧ 중재견이 조금이라도 움직이지 않고 기다리면, 즉시 간식을 주며 "잘했어"라고 칭찬하며 쓰다듬는다.

⑨ ⑤~⑧을 5회 반복한다.

⑩ 오늘 활동에 대한 느낌을 교류한다.

확대 활동

■ "기다려"라고 했을 때 엎드리면 조금씩 시간을 늘려 가면서 해 본다.

■ 간식 없이 '기다려'를 교육시켜 본다.

■ 리드줄을 하지 않고 '기다려'를 교육시켜 본다.

■ 말을 하지 않고 손으로만 '기다려'를 교육시켜 본다.

응용 활동

■ 다양한 장소에서 '기다려' 교육시켜 보기

■ 사람이 많은 야외에서 '기다려' 해 보기

■ 다른 사람이 내 중재견에게 '기다려'를 교육시켜 보기

■ 다른 사람에게 '기다려' 훈련 방법 알려 주기

참고 사항

■ '앉아', '엎드려'가 충분히 익숙해진 후 실시한다.

■ '기다려'는 중재견의 움직임을 멈출 수 있기 때문에 갑자기 움직이면 위험한 경우에 활용할 수 있는 교육 방법이다.

■ 중재견이 처음에는 아동의 의도를 이해하지 못할 수 있으므로 참을성을 가지고 천천히 시도해 본다.

중재견 교육시키기(부르기)

활동 형태 : 개인   **장소** : 실내 또는 실외   **중심 활동 시간** : 20분

활동 목표

- 중재견의 이름을 부르면 중재견이 아동에게 달려오게 할 수 있다.
- 중재견을 통제할 수 있다.

기대 효과 : 상호작용 증진, 집중력 향상, 자기효능감 향상

준비물 : 중재견, 힙섹, 중재견 간식, 밥그릇, 목줄, 리드줄 두 개

활동 과정 및 방법

① 오늘 활동 내용에 대해서 설명한다.

② 중재견에게 "기다려"라고 한다.

③ 손에 간식을 쥐고 중재견과 1m 정도 거리에서 마주보고 선다.

④ 아동은 중재견을 향해서 중재견의 이름을 부른다.

⑤ 중재견이 달려오면 칭찬하고 간식을 준다.

⑥ 오늘 활동에 대한 느낌을 교류한다.

확대 활동

- 처음에는 실내에서 연습하고 잘하면 실외에서 해 본다.
- 거리를 조금씩 늘려 가면서 부르기를 해 본다.
- 아동이 숨거나 장애물을 중간에 두고 해 본다.

응용 활동

- 가족 등 여러 명이 함께 불러 보기
- 타인 앞에서 시범 보이기
- 타인에게 부르기 방법 알려 주기

참고 사항

- 중재견과의 거리를 가까운 곳에서 시작하여 점점 늘리도록 한다.
- 중재견이 명령을 하기 전에 움직이면 처음부터 천천히 다시 시작할 수 있도록 지도한다.
- 처음에는 방해요소가 없는 조용한 곳에서 시작하여야 하며, 익숙해지면 점점 다양한 장소에서 시도할 수 있도록 지도한다.

활동 22 중재견 교육시키기(손)

활동 형태 : 개인   **장소** : 실내 또는 실외   **중심 활동 시간** : 20분

활동 목표

• 중재견에게 '손'을 교육시킬 수 있다.

• 다양한 장소에서 '손'을 할 수 있다.

기대 효과 : 상호작용 증진, 자기효능감 증진, 집중력 향상

준비물 : 중재견, 목줄, 리드줄, 힙색, 중재견 간식, 물

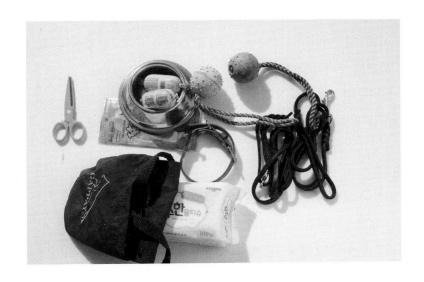

활동 과정 및 방법

① 오늘의 활동 내용에 대하여 설명한다.

② 중재견에게 목줄과 리드줄을 해 준다.

③ 아동이 중재견을 마주보고 선다.

④ 중재견이 좋아하는 간식을 준비하여 여러 개로 작게 나눈다.

⑤ [활동 18]의 '앉아'를 지시한다.

⑥ 앉아 있는 중재견에게 앞발 뒤쪽에 가볍게 손을 대면 개는 자연스럽게 앞발을 드는데, 이때 손 위에 발을 올려 놓는다.

⑦ 이때 "손"이라고 말하면서 곧바로 간식을 주며 "잘했어"라고 칭찬하면서 쓰다듬는다.

⑧ ⑤~⑦을 5회 반복한다.

⑨ 오늘 활동에 대한 느낌을 교류한다.

확대 활동

■ 왼발이 되면 오른발을 시도해 본다.

■ 간식 없이 '손'을 교육시켜 본다.

■ 리드줄을 하지 않고 '손'을 교육시켜 본다.

■ 말을 하지 않고 손으로만 '손'을 교육시켜 본다.

응용 활동

■ 다른 사람이 내 중재견에게 '손' 해 보기
■ 앞발을 잘 올리지 못하는 경우에는 어떤 방법이 있는지 시도해 보기
■ '손'을 교육할 수 있는 다른 방법이 있는지 찾아보기
■ 손 올리기 놀이 해 보기
■ 다른 사람에게 '손' 훈련 방법 알려 주기

참고 사항

■ '손'은 꼭 중재견에게 가르쳐야 하는 교육은 아니다. 그러나 이 교육을 시키면 중재견과 더 많은 시간을 함께할 수 있다.
■ '손'은 사람이 악수하는 것 같아서 타인에게 자신의 중재견을 소개할 때 쉽게 친해질 수 있다.
■ 중재견이 처음에는 아동의 의도를 이해하지 못할 수 있으므로 참을성을 가지고 천천히 시도해 본다.

전래놀이(무궁화 꽃이 피었습니다)

활동 형태 : 개인   **장소** : 실외   **중심 활동 시간** : 30분

활동 목표

- 놀이 규칙에 따라 중재견과 함께 전래놀이를 할 수 있다.
- 놀이 활동 중 중재견을 적절히 통제할 수 있다.

기대 효과 : 상호작용 증진, 신체 기능 향상, 친밀감 향상, 집중력 향상

준비물 : 중재견, 목줄, 리드줄, 힙섹, 중재견 간식, 물

활동 과정 및 방법

① 오늘의 활동 내용에 대하여 설명한다.

② 중재견에게 목줄과 리드줄을 해 준다.

③ 아동과 중재견은 한 팀이 되어 옆으로 나란히 선다.

④ 술래는 5m 떨어져서 팀원을 바라보며 돌아선다.

⑤ 술래가 "무궁화 꽃이 피었습니다" 하고 뒤를 돌아볼 때 움직이는 팀이 있으면 술래에게 잡히게 된다.

⑥ 이때 아동뿐만 아니라 중재견이 움직여도 술래가 된다.

⑦ 계속하면서 술래에게 잡힌 팀을 다른 팀이 쳐 주어야 살아날 수 있다.

⑧ 오늘 활동에 대한 느낌을 교류한다.

확대 활동

■ 거리를 조금씩 늘려 가면서 해 본다.

■ 팀의 묶음을 조금씩 늘려 가면서 해 본다.

■ 중재견을 안고 해 본다.

■ 중재견에게 리드줄을 묶지 않고 해 본다.

응용 활동

- '무궁화 꽃이 피었습니다' 외에 다른 술래 용어 찾아보기
- 규칙을 새롭게 정하여 해 보기
- 다른 전래놀이 해 보기(기차 놀이 등)

참고 사항

- 우리나라의 전래놀이로 누구나 쉽게 할 수 있으면서 매우 재미있는 게임이다.
- 우리나라의 무궁화 꽃에 대한 자긍심도 가지고 열까지 세는 동안 기다리는 다양한 방법을 익힐 수 있다.
- 집단 게임을 하는 경우에는 벌칙을 줄 수 있다. 그러나 이러한 벌칙 또한 즐거움과 교감을 나눌 수 있는 것이면 바람직하다(예: 중재견을 안고 돌아오기 등).
- 게임 중에 계속 중재견의 움직임을 관찰한다.

활동 24

중재견과 함께 반환점 돌아오기

활동 형태 : 개인   **장소** : 실내 또는 실외   **중심 활동 시간** : 20분

활동 목표

- 중재견과 함께 규칙에 따라 반환점을 돌아올 수 있다.
- 반환점 돌아오기 활동 중 중재견을 적절히 통제할 수 있다.

기대 효과 : 상호작용 증진, 친밀감 향상, 신체 기능 향상

준비물 : 중재견, 목줄, 리드줄, 힙색, 중재견 간식, 물, 고깔(반환점)

활동 과정 및 방법

① 오늘의 활동 내용에 대하여 설명한다.

② 중재견에게 목줄과 리드줄을 해 준다.

③ 아동과 중재견이 한 팀이 되며, 두 팀을 구성한다.

④ 두 팀은 자기 팀원인 중재견을 데리고 출발선에 나란히 서서 대기한다.

⑤ 출발선에서 5m 거리에 반환점을 설치한다.

⑥ 사회자의 출발 신호에 따라 걷거나 뛰면서 반환점을 돌아온다.

⑦ 먼저 출발선으로 돌아오는 팀이 승리한다.

⑧ 오늘 활동에 대한 느낌을 교류한다.

확대 활동

- 반환점을 늦게 돌아오기 게임을 해 본다.
- 반환점을 여러 개 만들어서 해 본다.
- 다양한 코스나 장애물을 설치하여 해 본다.
- 중재견을 안고 달리기를 해 본다.

응용 활동

- 중재견과 함께 2인 3각 해 보기
- 중재견을 안고 2인 3각 해 보기(소형견인 경우)
- 팀의 규모를 조금씩 늘리면서 해 보기
- 메모지에 적힌 지시 사항 수행하기(예: 중재견 안아 주기, 중재견과 악수하기, 중재견 먹이 주기 등)

참고 사항

- 승부욕 때문에 개를 보지 않고 달리거나 개 리드줄을 잡아당기면서 뛰지 않도록 주의한다.
- 개와 함께 걸을 때는 항상 개의 행동을 주시하면서 함께 걷거나 달리도록 한다.
- 처음에는 천천히 충분하게 연습한 후 조금씩 속도를 높일 수 있도록 지도한다.
- 이미 승부가 결정되어도 끝까지 포기하지 않고 활동을 마무리할 수 있도록 지도한다.

활동 25 원반 던지기

활동 형태 : 개인 **장소** : 실외 **중심 활동 시간** : 30분

활동 목표

- 원반 던지는 방법을 이해하고 목표물에 정확히 원반을 던지거나 받을 수 있다.
- 중재견에게 원반을 정확히 던질 수 있다.

기대 효과 : 상호작용 증진, 집중력 향상, 신체 기능 향상

준비물 : 중재견, 목줄, 리드줄, 힙섹, 중재견 간식, 물, 원반

활동 과정 및 방법

① 오늘의 활동 내용에 대해서 설명한다.

② 아동에게 원반 잡는 법을 설명한다.

③ 원반 던지는 방법을 단계적으로 설명한다.

④ 먼저 교사가 원반 던지기를 설명과 함께 시범을 보인다.

⑤ 아동이 원반 던지기 활동을 한다.

⑥ 오늘 활동에 대한 느낌을 교류한다.

확대 활동

■ 2명이 1조가 되어 상호 원반 던지기를 한다.

■ 중재견과 함께 원반 던지기를 한다.

■ 목표를 정하고 원반을 던져 본다.

응용 활동

■ 음악과 함께 원반을 들고 춤춰 보기

■ 원반에 그림 그리기

■ 원반을 세로로 굴려 보기

참고 사항

■ 중재견과 함께하는 원반 던지기를 하기 전에 원반 던지기를 아동과 아동, 교사와 아동이 짝을 이루어 충분히 연습하여 숙달한 후 중재견과 함께 원반 던지기 활동을 할 수 있도록 지도한다.

■ 처음에는 원반에 익숙하지 않기 때문에 천천히 숙달하도록 한다.

■ 던진 원반에 사람이 다치지 않도록 주의한다.

■ 원반을 가지고 장난하지 않도록 주의한다.

■ 중재견과 함께 원반 던지기를 할 때는 원반으로 인하여 중재견의 이빨이 상하지 않도록 중재견 전용 원반을 사용하여야 한다.

■ 원반을 멀리 던지는 것보다는 정확한 방법에 따라 던질 수 있도록 지도하며, 추후 숙달되면 조금씩 멀리 던질 수 있도록 지도한다.

활동 26 장애물(어질리티) 넘기

활동 형태 : 개인   **장소** : 실외   **중심 활동 시간** : 30분

활동 목표

- 중재견과 함께 장애물을 넘을 수 있다.
- 장애물의 정확한 규칙 및 활동 방법을 이해할 수 있다.

기대 효과 : 상호작용 증진, 집중력 향상, 신체 기능 향상

준비물 : 중재견, 목줄, 리드줄, 힙색, 중재견 간식, 물, 어질리티 장비

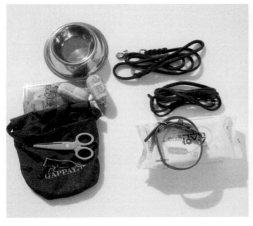

활동 과정 및 방법

① 오늘의 활동 내용에 대하여 설명한다.

② 아동과 함께 장애물(어질리티 장비)을 설치한다.

③ 중재견에게 목줄과 리드줄을 연결한다.

④ 장애물을 넘는 방법을 중재견에게 교육시킨다.

⑤ 10분 정도 연습한다.

⑥ 오늘 활동에 대한 느낌을 교류한다.

확대 활동

- 장애물(어질리티)의 종류를 바꾸어 가면서 활동한다.
- 여러 장애물을 연계하여 연속해서 넘는 활동을 한다.
- 중재견에게 리드줄을 연결하지 않고 장애물 넘기를 해 본다.

응용 활동

- 장애물의 규칙을 바꾸어 보기
- 여러 팀과 함께 릴레이 또는 기록 게임 해 보기
- 산책로 나무를 이용하여 활동하기

참고 사항

- 장애물(어질리티)은 허들, 넓이뛰기, 타이어, 시소 등 다양한 종류가 있으므로 하나씩 나누어 연습한 후 충분히 숙달되면 여러 장애물을 설치하여 연속하여 넘기 활동을 할 수 있도록 지도한다.
- 아동과 중재견이 장애물에 익숙하지 않으므로 인내심을 갖고 천천히 한다.
- 아동이나 중재견이 장애물에 다치지 않도록 주의한다.
- 장애물을 가지고 장난하지 않도록 주의한다.
- 일반적으로 중재견 장애물은 중재견에게 알맞게 제작되었기 때문에 사람이 장애물에 직접 올라가거나 사용하지 않도록 주의한다.

활동 27 플라이 볼

활동 형태 : 개인   **장소** : 실외   **중심 활동 시간** : 30분

활동 목표
- 중재견과 함께 허들을 넘을 수 있다.
- 중재견이 허들을 넘어 공을 물어올 수 있다.

기대 효과 : 상호작용 증진, 집중력 향상, 신체 기능 향상

준비물 : 중재견, 목줄, 리드줄, 힙색, 중재견 간식, 물, 허들 4개, 공

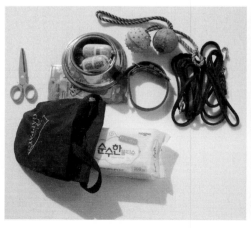

활동 과정 및 방법

① 오늘의 활동 내용에 대하여 설명한다.

② 장애물(어질리티)을 일정한 간격으로 설치하고 그 마지막에는 공을 놓아 둔다.

③ 중재견에게 목줄와 리드줄을 연결한다.

④ 아동에게 중재견과 함께 허들 넘는 방법에 대해서 시범을 보인다.

⑤ 허들을 넘을 때 중재견에게 "점프"라고 하면서 뛰어넘을 수 있도록 유도한다.

⑥ 중재견이 허들을 잘 넘으면 허들의 수를 하나씩 추가하여 연속 넘기를 한다.

⑦ 아동에게 중재견이 날아올린 공을 물고 오는 방법에 대해서 시범을 보인다.

⑧ 허들 넘기와 공 물어오기를 연속으로 해 본다.

⑨ 앞의 활동을 5회 정도 반복한다.

⑩ 활동이 끝나면 중재자가 중재견과 함께 편안하게 놀아 주고 중재견에게 물을 먹인 후 휴식할 수 있도록 해 준다.

⑪ 오늘 활동에 대한 느낌을 교류한다.

확대 활동

■ 공 대신 과자를 이용하여 따 먹기를 해 본다.

■ 시간을 측정하여 기록의 변화를 확인한다.

■ 허들의 위치와 방향을 바꾸어 가면서 활동한다.

■ 중재견에게 리드줄을 연결하지 않고 플라이 볼을 해 본다.

응용 활동

■ 허들 이외에 다양한 장애물을 설치하여 해 보기

■ 여러 팀과 함께 릴레이 게임해 보기

■ 교사와 함께 플라이볼 던지고 받는 활동해 보기

참고 사항

■ 플라이볼은 반환점 부분에 중재견이 페달을 누르면 자동으로 공이 나오도록 되어 있다. 그러나 고장이 쉽게 발생할 수 있고 구하기도 어려우므로 사람이 반환점 부분에 있다가 아동과 중재견이 허들을 넘어 가까이 오면 공을 중재견에게 던져 주어도 된다.

■ 아동과 중재견이 허들에 익숙하지 않으므로 인내심을 갖고 천천히 한다.

■ 아동이나 중재견이 허들에 다치지 않도록 주의한다.

■ 허들을 가지고 장난하지 않도록 주의한다.

■ 아동이 이기고 싶은 욕심 때문에 중재견을 보지 않고 활동하지 않도록 주의한다.

중재견과 함께 숨바꼭질

활동 형태 : 개인 · 집단   **장소** : 실외   **중심 활동 시간** : 20분

활동 목표

- 중재견과 함께 숨바꼭질을 할 수 있다.
- 숨어 있는 동안 중재견을 적절히 통제할 수 있다.

기대 효과 : 상호작용 증진, 친밀감 향상, 집중력 향상, 신체 기능 향상

준비물 : 중재견, 목줄, 리드줄, 힙색, 중재견 간식, 물

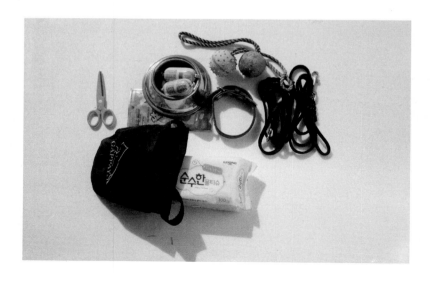

활동 과정 및 방법

① 오늘의 활동 내용에 대하여 설명한다.

② 중재견에게 목줄과 리드줄을 해 준다.

③ 술래는 눈을 가리고 1부터 10까지 천천히 센다.

④ 그 사이 아동과 중재견은 술래가 찾지 못하도록 숨는다.

⑤ 술래는 10을 센 후 숨은 팀을 찾는다.

⑥ 가장 먼저 찾은 팀이 다음 술래를 한다.

⑦ ③~⑥을 3~4회 반복한다.

⑧ 활동이 끝나면 주인이 중재견과 함께 즐겁게 놀아 주고, 중재견에게
   물을 먹인 후 휴식할 수 있도록 해 준다.

⑨ 오늘 활동에 대한 느낌을 교류한다.

확대 활동

■ 다양한 장소에서 해 본다.

■ 숨는 팀의 크기를 조금씩 늘려서 해 본다.

■ 술래는 숫자를 조금씩 줄여서 세어 본다.

■ 얇은 천을 함께 덮고 숨바꼭질을 해 본다.

응용 활동

- 아동만 숨고 중재견이 찾아보기
- 동화책을 통해 동물의 다양한 숨는 모습 표현하기
  - 뽀롱뽀롱 뽀로로 플랩북 꼭꼭 숨어라 뽀로로
  - 꼭꼭 숨어라(아기 물고기 하양이 2 숫자)
  - 꼭꼭 숨어라(잼잼곰 6: 언어)
- 숨은 팀의 힌트가 있는 메모를 주어 술래가 힌트를 이용하여 특정한 속담 맞추기

참고 사항

- 아동들은 숨어 있는 것을 매우 좋아한다.
- 숨어 있는 아동을 찾을 때는 아동이 무서워하지 않도록 계속해서 말을 하면서 주위에 사람이 있다는 것을 알려 줘야 한다.
- 숨바꼭질을 할 때 아동이 지나친 의욕 때문에 위험한 장소를 선택할 수 있으므로 충분히 사전 조사를 해서 아동이 안전하게 놀이 활동을 할 수 있도록 준비해야 한다.

활동 29 숨겨진 중재견 찾기

활동 형태 : 개인 · 집단   **장소** : 실외   **중심 활동 시간** : 30분

활동 목표

- 지도를 활용하여 숨어 있는 중재견을 찾을 수 있다.
- 산책 도구를 중재견에게 정확히 착용시킬 수 있다.

기대 효과 : 상호작용 증진, 신체 기능 향상, 집중력 향상

준비물 : 중재견, 목줄, 리드줄, 힙색, 중재견 간식, 물, 지도

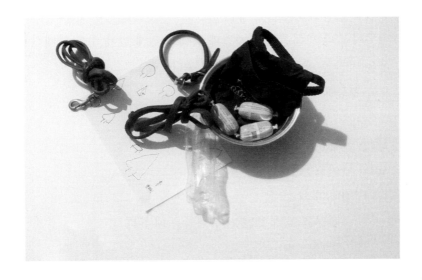

활동 과정 및 방법

① 오늘의 활동 내용에 대하여 설명한다.

② 중재견이 숨겨진 장소를 알려 주는 지도를 준다.

③ 중간에 목걸이, 목줄, 중재견 간식, 아동 간식, 배변봉투가 숨겨져 있으며, 다음 위치에 대한 쪽지가 있음을 알려 준다.

④ 교사와 함께 중재견 찾기 활동을 한다.

⑤ 찾은 중재견에게 산책 도구를 가지고 중재견에게 착용시킨다.

⑥ 중재견과 함께 산책하면서 돌아온다.

⑦ 활동이 끝나면 아동이 중재견과 함께 즐겁게 놀아 주고 중재견에게 물을 먹인 후 휴식할 수 있도록 해 준다.

⑧ 오늘 활동에 대한 느낌을 교류한다.

확대 활동

■ 거리와 난이도를 높이면서 해 본다.

■ 팀을 구성하여 해 본다.

■ 숨겨진 중재견을 빨리 찾는 기록 게임을 해 본다.

응용 활동

- 아동과 중재견의 역할을 바꾸어 해 보기
- 중재견과 함께 보물 찾기
- 임무를 주고 완수하면 힌트 쪽지 주기

참고 사항

- 중재견이 숨어 있는 동안 아동이 올 때 짖지 않도록 주의한다.
- 아동이 흥분하여 중재견을 찾기 위하여 뛰지 않도록 주의한다.
- 넓은 장소에서 할 때는 아동이나 중재견에게 위험 요인이 없는지 먼저 확인한다.

활동 **30** 중재견과 함께 춤을

활동 형태 : 개인 · 집단   **장소** : 실외   **중심 활동 시간** : 30분

활동 목표

- 춤 동작을 구분하여 중재견과 함께 정확히 할 수 있다.
- 음악에 맞추어 중재견과 함께 춤을 출 수 있다.
- 활동하는 동안 중재견을 적절히 통제할 수 있다.

기대 효과 : 상호작용 증진, 친밀감 향상, 집중력 향상

준비물 : 중재견, 목줄, 리드줄, 힙색, 중재견 간식, 물, 음악

활동 과정 및 방법

① 오늘의 활동 내용에 대하여 설명한다.

② 중재견에게 목줄과 리드줄을 해 준다.

③ 춤 동작을 분리하여 중재견과 함께 연습한다.

④ 개별 동작을 하나씩 연결하여 연결 동작으로 점점 늘리면서 춤을 연습한다.

⑤ 교사의 구령에 맞추어 중재견과 함께 전체 동작을 연속으로 해 본다.

⑥ 음악에 맞추어 중재견과 함께 춤을 춘다.

⑦ 활동이 끝나면 아동은 중재견과 함께 즐겁게 놀아 주고, 중재견에게 물을 먹인 후 휴식할 수 있도록 해 준다.

⑧ 오늘 활동에 대한 느낌을 교류한다.

확대 활동

- 다양한 장소에서 해 본다.
- 음악을 바꾸어서 춤을 춘다.
- 중재견과 함께 춤을 추는 자신의 영상을 감상해 본다.

응용 활동

- 그룹으로 중재견과 함께 춤춰 보기
- 새로운 음악에 대한 안무 만들어 보기
- 중재견과 함께 춤을 위한 춤 의상 만들어 보기

참고 사항

- 아동이 춤을 나누어서 구분 동작으로 습득하게 하여 성취감을 얻을 수 있도록 한다.
- 아동이 안무에 따라서 할 수 있도록 지도한다.
- 초기에는 중재견과의 거리를 가까이 하면서 연습하고 숙달되면 조금씩 멀리하면서 연습한다.
- 아동이 지나치게 흥분하지 않도록 주기적으로 휴식 시간을 갖도록 한다.

31 중재견과 함께 구연동화

활동 형태 : 개인·집단　**장소** : 실내 또는 실외　**중심 활동 시간** : 30분

활동 목표

- 중재견에게 동화책을 읽어 줄 수 있다.
- 중재견과 함께 구연동화를 할 수 있다.

기대 효과 : 상호작용 증진, 신체 기능 향상, 집중력 향상

준비물 : 동화책(대본) 및 소품, 목줄, 리드줄, 중재견 간식, 중재견 물그릇,
소(중)형견 한 두, 배변봉투, 폴라로이드 카메라 및 필름, 물휴지,
중재견 장난감

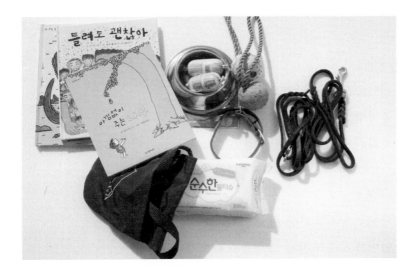

활동 과정 및 방법

① 오늘 활동 내용에 대해서 설명한다.

② 각자의 역할을 정한다.

③ 대본을 가지고 연습한다.

④ 구연동화 또는 대본에 맞게 소품으로 꾸미거나 갈아입는다.

⑤ 동화나 대본에 따라 공연한다.

⑥ 기념 촬영을 한다.

⑦ 오늘 활동에 대한 느낌을 교류한다.

확대 활동

■ 리드줄을 하지 않고 해 본다.

■ 음악에 맞추어 율동을 해 본다.

■ 녹화한 구연동화를 감상하면서 느낌을 표현해 본다.

응용 활동

■ 영어로 구연동화를 해 보기

■ 언어를 사용하지 않고 행동으로만 해 보기

■ 새로운 구연동화 만들어 보기

참고 사항

■ 2회기로 나누어 실시할 경우 1회기는 준비, 2회기는 공연을 하여도 좋다.

■ 관련 음악과 공연장 꾸미기를 하면 더욱 효과적이다.

■ 아동이 직접 나와서 이야기하는 것이 어려울 경우에는 교사 중 한 명이 동화나 대본을 읽어 주고 아이들은 무대 위에서 활동만 할 수도 있다.

| 참고문헌 |

경기도청(2010). 2010 경기도 어린이 정신건강검진사업 1 · 2차 검사 결과.

교육과학기술부(2012). 특수교육 연차보고서. 서울: 교육과학기술부.

김미경, 문장원, 서은정, 윤점룡, 윤치연, 이상훈(2006). 정서 및 행동장애아 교육. 서울: 학지사.

김영숙(2001). 가족관계에서 나타난 장애아와 비장애형제자매관계의 생활환경에 대한 고찰. 정신지체연구, 3, 145-159.

김은정, 김향구, 황순택 (역) (2001). 이상심리학. I. G. Sarason, B. R. Sarason의 Abnormal Psychology. 서울: 학지사.

김원, 강경숙, 마영남(2011). 유기견을 활용한 동물보조중재가 아스퍼거증후군 아동의 사회성 향상 및 가족 유대에 미치는 영향. 놀이치료연구, 15(3), 117-138.

김진호, 노진아, 박지연, 방명애, 황복선 역(2011). 정서행동장애. 서울: 시그마프레스.

마영남, 강경숙, 김원, 김옥진(2011). 반려견과의 놀이활동이 자폐성 장애아동의 사회적 상호작용에 미치는 영향. 정서행동장애연구, 27(3), 123-150.

민성길(2006). 최신정신의학(제5판). 서울: 일조각.

반건호(2009). 주의력 결핍-과잉행동장애. 월간의약정보, 6월호.

송준만, 강경숙, 김미선, 김은주, 김정효 외(2012). 지적장애아동 교육. 서울: 학지사.

안소연 역(2010). 바이오필리아. Wilson, E. Osborne의 biophilia. 서울: 사이언스북스.

양수진(2008). 학령기 주의력결핍 과잉행동장애의 임상적 평가와 공존 질환들. 신경정신의학, 47(5), 409-414.

양수진, 정성심, 홍성도(2006). 주의력결핍 과잉행동장애의 유병률과 관련 인자: 서울시 학교 정신보건 사업. 신경정신의학, 45(1), 69-76.

이미숙, 권회연, 이미애(2010). 장애아동 형제의 인식에 관한 연구: 초등학교 고학년 형제의 경험을 중심으로. 특수아동교육연구, 12(2), 127-148.

이소현, 박은혜(2011). 특수아동교육. 서울: 학지사.

이정림, 강경숙(2010). Review of the studies of ADHD factor structure reflected in DSM. 특수교육저널: 이론과 실천, 11(2), 361-385.

임경희, 조붕환(2004). 성, 학년, 지역에 따른 초등학생의 ADHD 출현율 조사 연구. 초등교육연구, 17(1), 235-260.

은소희, 은백린(2008). 주의력결핍 과잉행동장애. 대한소아과학회지, 51(9), 935-943.

청소년폭력예방재단(2012). 학교폭력 예방 및 근절 대책 토론회 자료집(2012. 4. 17).

Ainsworth, M. S., Blehar, M. C., Waters, E., & Wall, S. (1978). *Patterns of attachment: A psychological study of the strange situation.* Hillsdale, New Jersey: Lawrence Erlbaum Associates.

American Psychiatric Association (2000). *Diagnostic and statistical manual of mental disorders: DSM-IV-TR.* Washington, DC: American Psychiatric Association.

Antonioli, C., & Riveley, M. A. (2005). Randomised controlled trial of animal facilitated therapy with dolphins in the treatment of depression. *British Medical Journal, 331*(7527), 1231-1234.

Antshel, K. M., & Remer, R. (2003). Social skills training in children with attention deficit hyperactivity disorder: Arandomized-controlled clinical trial. *Journal of Clinical Child and Adolescent Psychology, 32*(1), 153-165.

Arad, D. (2004). If your mother were an animal, what animal would she be? Creating play-stories in family therapy: The animal attribution story-telling technique(AASTT). *Family Process, 43*(2), 249-263.

Ascione, F. R. (1992). Enhancing children's attitudes about the humane treatment of animals: generalization to human directed empathy. *Anthrozoös: A Multidisciplinary Journal of the Interactions of People & Animals, 5*(3), 176-191.

Ascione, F. R., & Weber, C. V. (1996). Children's attitudes about the humane treatment of animals and empathy: one-year follow up of a school-based intervention. *Anthrozoös: A Multidisciplinary Journal of the Interactions of People & Animals, 9*(4), 188-195.

Bandura, A. (1982). Self-efficacy mechanism in human agency. *American Psychologist, 37*(2), 122-147.

Bandura, A. (1986). The explanation and predictive scope of self-efficacy theory. *Journal of Social and Clinical Psychology, 4*(3), 359-373.

Bandura, A. (1997). Self-efficacy. *Harvard Mental Health Letter, 13*(9), 4-7.

Barak Y., Savorai O., Mavashev S., & Beni A. (2001). Animal-assisted therapy for elderly schizophrenic patients: a one-year controlled trial. *American Journal of Geriatric Psychiatry 9*(4), 439-442.

Barker, S. B., & Dawson, K. S. (1998). The effects of animal-assisted therapy on anxiety ratings of hospitalized psychiatric patients. *Psychiatric Services, 49*(6), 97-801.

Barkley, R. A. (1994). *Impaired delayed responding: A unified theory of attention deficit hyperactivity disorder. In D. K. Routh (Ed.), Disruptive behavior disorders in childhood: Essays honoring Herbert C. Quay* (pp. 11-57). New York, NY: Plenum.

Barkley, R. A. (2006). *Attention deficit hyperactivity disorder: A handbook for diagnosis and treatment* (3rd ed.). New York, NY: Guilford Press.

Bass, M. M., Duchowny, C. A., & Llabre, M. M. (2009). The effect of therapeutic horseback riding on social functioning in children with autism. *Journal of Autism Developmental Disorders, 39*(9), 1261-1267.

Bauminger, N., & Kasari, C. (2001). The experience of loneliness and friendship in autism: theoretical and practical issues. In E. Schopler, L. Marcus, C. Shulman, & N. Yirmiya (Eds.), *The research basis of autism intervention outcome* (pp. 151-168). New York, NY: Kluwer Academic/Plenum Publishers.

Bauminger, N., Shulman, C., & Agam, G. (2003). Peer interaction and loneliness in high-functioning children with autism. *Journal of Autism and Developmental Disorders, 33*(5), 489-507.

Beck, A. M., & Katcher, A. H. (1996). *Between Pets and People: The Importance of Animal Companionship*. West Lafayette, IN: Purdue University Press.

Belsky J. (1984). The determinants of parenting: a process model. *Child Development, 55*(1), 83-96.

Bergesen, F. J. (1989). The effects of pet facilitated therapy on the self-esteem and socialization of primary school children. Paper presented at the 5th International Conference on the Relationship between Humans and Animals. Monaco 1989.

Berget, B. (2006). *Animal-assisted therapy: effects on persons with psychiatric disorders working with farm animals*. Philosophiae Doctor Thesis 2006: 20, Norwegian University of Life Sciences,Ås, Norway.

Berget, B., Ekeberg, P., & Braastad, B. O. (2008). Animal-assisted therapy with farm animals for persons with psychiatric disorders: Effects on self-efficacy, coping ability and quality of life, a randomized controlled trial. *Clinical practice and epidemiology in Mental Health, 4*(9). Retrieved from http://www.cpementalhealth.com/content/4/1/9.

Berget, B., Ekeberg, P., Pedersen, I. & Braastad, B. O. (2011). Animal-assisted therapy with farm animals for persons with psychiatric disorders: Effects on anxiety and depression. A randomized controlled trial. *Occupational Therapy in Mental Health, 27*(2), 50-64.

Berget, B., & Ihlebaek, C. (2011). Animal-assisted interventions; Effects on human mental health-A theoretical framework. In T. Uehara (Ed.), *Psychiatric Disorders-Worldwide Advances* (pp. 121-138). Rijeka, Croatia: InTech.

Bernstein, P. L., Friedmann, E., & Malaspina, A. (2000). Animal-assisted therapy enhances resident social interaction and initiation in long-term care facilities. *Anthrozoös: A Multidisciplinary Journal of the Interactions of People & Animals, 13*(4), 213-224.

Bird, W. (2007) *Natural Thinking: Investigating the links between the Natural*

Environment, Biodiversity and Mental Health. Royal Society for the Protection of Birds. Available from website: http://www.rspb.org.uk/Images/naturalthinking_tcm9-161856.pdf

Bowlby, J. (1969). *Attachment and loss: Vol. 1. Attachment.* New York, NY: Basic Books.

Bowlby, J. (1982). Attachment and loss: Retrospect and prospect. *American Journal of Orthopsychiatry, 52*(4), 664-678.

Bowlby, J. (1988). *A secure base; Parent-child attachment and healthy human development.* New York, NY: Basic Books.

Bowlby, J. (1990). *The making and breaking of affectional bonds.* New York, NY: Routledge.

Bretherton, I. (1985). Attachment theory: Retrospect and prospect. *Monographs of the Society for Research in Child Development, 50*(1-2), 3-35.

Bristol, M. M. (1987). Mothers of children with autism or communication disorders: successful adaptation and the double ABCX model. *Journal of Autism and Developmental Disorders, 17*(4), 469-486.

Brodie, S., Biley, F., & Shewring, M. (2002). An exploration of the potential risks associated with using pet therapy in healthcare settings. *Journal of Clinical Nursing, 11*(4), 444-456.

Bryant, B. K. (1986). The relevance of family and neighbourhood animals to social-emotional development in middle childhood. Paper presented at the Delta Society International Conference, Boston, Massachusetts.

Brundige, W. (2009). Reading to dogs helps kids build literacy skills. ABC News. 2013. 2. 27. Retrieved Available from website: http://abcnews.go.com/GMA/Weekend/story?id=8339031

Burke, J. D., Loeber, R., & Birmaher, B. (2002). Oppositional defiant disorder and conduct disorder: a review of the past 10 years, part II. *Journal of American Academy of Child & Adolescent Psychiatry, 41*(11), 1275-1293.

Burrows, K. E., Adams, C. L., & Spiers, J. (2008). Sentinels of safety: service dogs ensure safety and enhance freedom and well-being for families with autistic children. *Qualitative Health Research, 18*(12), 1642-1649.

Burrows, K. E., Adams, C. L., & Millman, S. T. (2008). Factors affecting behavior and welfare of service dogs for children with autism spectrum disorder. *Journal of Applied Animal Welfare Science, 11*(1), 42-62.

Chandler, C. K. (2012). *Animal assisted therapy in counseling.* New York, NY: Routledge.

Chronister, G. L. (1993). *Effect of horticultural therapy and animal-assisted therapy on seriously emotionally disturbed elementary students in a public school settings: An ethnographic study.* Oklahoma State University. Doctoral Dissertation.

Cobb, S. (1976). Social support as a moderator of life stress. *Psychosomatic Medicine, 38*(5), 300-314.

Covert, A. M., Whiren, A. P., Keith, J., & Nelson, C. (1985). Pets, early adolescents, and families. *Marriage and Family Review, 8*(3-4), 95-108.

Crawford, E. K., Worsham, N. L., & Swinehart, E. R. (2006). Benefits derived from companion animals, and the use of the term "attachment". *Anthrozoös: A Multidisciplinary Journal of the Interactions of People & Animals, 19*(2), 98-112.

Daly, B., & Morton, L. L. (2006). An investigation of human-animal interactions and empathy as related to pet preference, ownership, attachment, and attitudes in children. *Anthrozoös: A Multidisciplinary Journal of the Interactions of People & Animals, 19*(2), 113-127.

Delta Society. (2012) Animal-Assisted Activities (AAA); Animal-Assisted Therapy (AAT). Available from website: http://www.deltasociety.org/Page.aspx?pid=319; http://www.deltasociety.org/Page.aspx?pid=320; last visited 28/10/12.

Dismuke, R. P. (1984). Rehabilitative horseback riding for children with language disorders. In R. K. Anderson, B. L. Hart, & L. A. Hart (Eds.), *The pet connection: Its influence on our health and quality of life* (pp. 131-140). Minneapolis, MN: Center to Study Human-Animal Relationships and Environments, University of Minnesota.

Dumas, J. E., Wolf, L. C., Fisman, S. N., & Culligan, A. (1991). Parenting stress, child behavior problems and dysphoria in parents of children with autism, down syndrome, behavior disorders, and normal development. *Exceptionality, 2*(2), 97-110.

Eddy, J., Hart, L. A., & Boltz, R. P. (1988). The effects of service dogs on social acknowledgements of people in wheelchairs. *Journal of Psychology. 122*(1), 39-45.

Elliot, D., Tolle, S., Goldberg, L., & Miller, J. (1985). Pet-associated illness. *The New England Journal of Medicine, 313*(16), 985-995.

Endenburg, N., & Baarda, D. B. (1995). The roles of pets in enhancing human well-being: Effects on child development. In I. Robinson (Ed.), *The waltham book of human-animal interaction: Benefits and responsibilities of pet ownership* (pp. 1-17). Exeter: Pergamon Press.

Endenburg, N., & van Lith, H. A. (2010). The influence of animals on the development of children. *The Veterinary Journal, 190*(2), 208-214.

Enders-Slegers, M. J. (2000). The meaning of companion animals: Qualitative analysis of the life histories of elderly cat and dog owners. In A. L. Podberscek, E. S. Paul, & J. A. Serpell (Eds.), *Companion animals and us: Exploring the relationships between people and pets* (pp. 209-236). Cambridge, UK: Cambridge University Press.

Ervin, R. A., Bankert, C., & DuPaul, G. (1996). Parent and teacher ratings of ADHD symptoms: Psychometric properties in a community-based sample. *Journal of Clinical Child Psychology, 20*(3), 245-253.

Fine, A. H. (2000). Animals and therapists: Incorporating animals in outpatient psychotherapy. In A. H. Fine (Ed.), *Handbook on animal-assisted therapy: Theoretical foundations and guidelines for practice* (1st ed., pp. 179-211).

San Diego, CA: Academic Press.

Fine. A. H. (2006). Animal and Theapists: Incorporating animal-assisted therapy into psychotherapy. In A. H. Fine (Ed.), *Handbook on animal-assisted therapy: Theoretical foundations and guidelines for practice* (2nd, pp. 179-211). San Diego, CA: Academic Press.

Fiore, T. A., Becker, E. A., & Nero, R. C. (1993). Educational interventions for students with ADD. *Exceptional Children, 60*(2), 771-773.

Folse, E. B., Minder, C. C., Aycock, M. J., & Santana, R. T. (1994). Animal assisted therapy and depression in adult college students. *Anthrozoös: A Multidisciplinary Journal of the Interactions of People & Animals, 7*(3), 188-194.

Friedmann, E. (1995). The role of pets in enhancing human well-being: physiological effects. In I. Robinson (Ed.), *The waltham book of human-animal interaction: Benefits and responsibilities of pet ownership* (pp. 33-53). Exeter: Pergamon Press.

Friedmann, E., Katcher, A. H., Lynch, J. J., & Thomas, S. A. (1980). Animal companions and one-year survival of patients after discharge from a coronary care unit. *Public Health Reports, 95*(4), 307-312.

Friedmann, E., Katcher, A. H., Thomas, S. A., Lynch, J. J., & Messent, P. R. (1983). Social interaction and blood pressure: influence of animal companions. *Journal of Nervous and Mental Disease, 171*(8), 461-465.

Friedmann, E., & Lockwood, R. (1991). Validation and use of the animal thematic apperception test. *Anthrozoös: A Multidisciplinary Journal of the Interactions of People & Animals, 4*(3), 174-183.

Friedmann, E., & Thomas, S. A. (1995). Pet ownership, social support, and onyear survival after acute myocardial infarction in the Cardiac Arrhythmia Suppression Trial (CAST). *The American Journal of Cardiology, 76*(17), 1213-1217.

Froehlich, T. E., Lanphear, B. P., Epstein, J. N., Barbaresi, W. J., Katusic, S. K.,

Kahn, R. S. (2007). Prevalence, recognition, and treatment of attention-deficit/hyperactivity disorder in a national sample of US children. *Archives of Pediatrics & Adolescent Medicine, 161*(9), 857-864.

Frumkin, H. (2003). Healthy places: exploring the evidence. *American Journal of Public Health, 93*(9), 1451-1456.

Garrity, T. F. & Stallones, L. (1998). Effects of pet contact on human well-being. In C. C. Wilson, & D. C. Turner (Eds.), *Companion animals in human health* (pp. 3-22). Thousand Oaks, CA: Sage Publications.

Gee, N. R., Church, M. T., & Altobelli, C. L. (2010). Preschoolers make fewer errors on an object categorization task in the presence of a dog *Anthrozoös: A Multidisciplinary Journal of the Interactions of People & Animals, 23*(3), 223-230.

Gee, N. R., Gould, J. K., Swanson, C. C., & Wagner, A. K. (2012). Preschoolers categorize animate objects better in the presence of a dog. *Anthrozoös*: A Multidisciplinary *Journal of the Interactions of People & Animals, 25*(2), 187-198.

Gee, N. R., Harris, S. L., & Johnson, K. L. (2007). The Role of Therapy Dogs in Speed and Accuracy to Complete Motor Skills Tasks for Preschool Children. *Anthrozoös: A Multidisciplinary Journal of the Interactions of People & Animals, 20*(4), 375-386.

George, H. (1988). Child therapy and animals. In C. E. Schaefer (Ed.), *Innovative interventions in child and adolescent therapy* (pp. 400-418). New York, NY: John Wiley.

Grandin, T., & Johnson, C. (2005). *Animals in translation: Using the mysteries of autism to decode animal behavior.* New York, NY: Scribner.

Grandin, T., & Johnson, C. (2009). *Animals Make Us Human: Creating the Best Life for Animals.* Orlando: Houghton Mifflin Harcourt.

Gunter, B. (1999). *Pets and people: the psychology of pet ownership.* London, UK: Whurr Publishers Ltd.

Guttman, G. (1984). The pet: a tutor to social skills. *Journal of the Delta Society, 1*(1), 37-38.

Guttman, G., Predovic, M., & Zemanek, M. (1985). The influence of pet ownership in non-verbal communication and social competence in children. In t*he human-pet relationship, proceedings of the international symposium on the occasion of the 80th birthday of nobel prize winner prof. Dr. Konrad Lorenz* (pp. 58-63). Vienna, Austria: IEMT-Institute for Interdisciplinary Research on the Human-Pet Relationship.

Hanselman, J. L. (2001). Coping skills interventions with adolescents in anger management using animals in therapy. *Journal of Child and Adolescent Group Therapy, 11*(4), 159?195.

Handlin, L. (2010). *Human-human and human-animal interaction. Some common physiological and psychological effects.* Doctorral Thesis, Vol.98, Swedish University of Agricultural Sciences, Skara, Sweden.

Hartig, T., Evans, G., Jamner, L. D., Davis, D. S., & Garling, T. (2003). Tracking restoration in natural and urban field settings. *Journal of Environmental Psychology, 23*(2), 109-123.

Hartig, T., Mang, M., & Evans, G. W. (1991). Restorative Effects of Natural Environment Experiences. *Environment and Behaviour, 23*(1), 3-26.

Hatano, G., & Inagaki, K. (1993). Desituating cognition through the construction of conceptual knowledge. In P. Light, & G. Butterworth (Eds.), *Context and cognition: Ways of learning and knowing* (pp. 115-133). Hillsdale, NJ: Lawrence Erlbaum Associates.

Haubenhofer D. K., Elings M., Hassink J., & Hine R. E. (2010). The Development of Green Care in Western European Countries. *Explore-The Journal of Science and Healing, 6*(2), 106-111.

Health Council of the Netherlands (2004). *Nature and Health. The Influence of Nature on Social, Psychological and Physical Well-being.* Netherlands, The Hague: Health Council of the Netherlands and Dutch Advisory Council for

Research on Spatial Planning, Nature and the Environment.

Heinrichs, M., Baumgartner, T., Kirschbaum, C., & Ehlert, U. (2003). Social support and oxytocin interact to suppress cortisol and subjective responses to psychosocial stress. *Biological Psychiatry 54*(12), 1389-398.

Hergovich, A., Monshi, B., Semmler, G., & Aieglmayer, V. (2002). The effects of the presence of a dog in the classroom. *Anthrozoös: A Multidisciplinary Journal of the Interactions of People & Animals, 15*(1), 37-50.

Hertzman, C., & Wiens, M. (1996). Child development and long-term outcomes: A population health perspective and summary of successful interventions. *Social Science and Medicine, 43*(7), 1083-1095.

Hine, R., Peacock, J. & Pretty, J. (2008). Care farming in the UK: Contexts, benefits and links with therapeutic communities. *International journal of therapeutic communities, 29*(3), 245-260.

Hinshaw, S. P. (1994). *Attention deficits and hyperactivity in children* (Vol. 29). Thousand Oaks, CA: Sage.

Isaacson, R. (2009). *The horse boy: A father's quest to heal his son.* New York, NY: Little, Brown and Company.

Jackson, M. (2008). *Distracted: The erosion of attention and the coming dark age.* Amherst, NY: Prometheus Books.

Jalongo, M. (2006). When teaching children about pets, be certain to address safety issues. *Early Childhood Education Journal, 33*(5), 289-292.

Jalongo, M. (2008). Beyond a pets theme: Teaching young children to interact safely with dogs. *Early Childhood Education Journal, 36*(1), 39-45.

Johnson, T. P., Garrity, T. F., & Stallones, L. (1992). Psychometric evaluation of the Lexington Attachment to Pets Scale (LAPS). *Anthrozoös: A Multidisciplinary Journal of the Interactions of People & Animals, 5*(3), 160-175.

Kaplan, S. (1995). The restorative benefits of nature: Towards an integrative framework. *Journal of Environmental Psychology, 15*(3), 169-182.

Kaplan, R. and Kaplan, S. (1989). *The experience of nature: A psychological perspective*. New York, NY: Cambridge University Press.

Katcher, A. H. (2000). The Future of Education and Research on the Animal-Human Bond and Animal-Assisted Therapy. In A. H. Fine (Ed.), *Handbook on animal-assisted therapy: Theoretical foundations and guidelines for practice* (1st ed., pp. 461-473). San Diego, CA: Academic Press.

Katcher, A. H., & Beck, A. M. (1989). Human-animal Communication. In E. Barnow (Ed.), *International encyclopedia of communications, Vol 2* (pp. 295-296). London, UK.: Oxford University Press.

Katcher, A. H., Beck, A. M., & Levine D. (1989). Evaluation of a pet program in prison-the Pal Project at Lorton. *Anthrozoös: A Multidisciplinary Journal of the Interactions of People & Animals, 2*(3), 175-180.

Katcher, A. H., Friedmann, E., Beck, A. M., & Lynch, J. J. (1983). Looking, talking, and blood pressure: The physiological consequences of interaction with the living environment. In A. H. Katcher, A. M. Beck (Eds.), *New perspectives on our lives with companion animals* (pp. 351-359). Philadelphia, PA: University of Pennsylvania Press.

Katcher, A. H., Segal, H., & Beck, A. M. (1984). Comparison of contemplation and hypnosis for the reduction of anxiety and discomfort during dental surgery. *American Journal of Clinical Hypnosis, 27*(1), 14-21.

Katcher, A. H., & Teumer, S. (2006). *A 4-Year Trial of Animal-Assisted Therapy with Public School Special Education Students.* In A. H. Fine (Ed.), *Handbook on animal-assisted therapy: Theoretical foundations and guidelines for practice* (2nd ed., pp. 227-242). San Diego, CA: Academic Press.

Katcher, A. H., & Wilkins, G. G. (1994). The use of animal-assisted therapy and education with Attention Deficit Hyperactive and Conduct Disorders. *Interaction, 12*(4), 1-6.

Katcher, A. H., & Wilkins, G. G. (1998). Animal-assisted therapy in the treatment of disruptive behavior disorders in children. In A. Lundberg (Ed.), *The Environment and Mental Health,* (pp. 193-204). Mahwah, NJ: Lawrence

Erlbaum Associates, Inc.

Katcher, A. H., & Wilkins, G. G. (2000). The centaur's lessons: therapeutic education through care of animals and nature study. In A. H. Fine (Ed.), *Handbook on animal-assisted therapy: Theoretical foundations and guidelines for practice* (1st ed., pp. 153-177). San Diego, CA: Academic Press.

Kessler, R. C., Soukup, J., Davis, R. B., Foster, D. F., Wilkey, S. A., Van Rompay, M. I., & Eisenberg, D. M. (2001). The use of complementary and alternative therapies to treat anxiety and depression in the United States. *The American journal of psychiatry, 158*(2), 289-294.

Ketelaars, D., Baars, E., & Kroon, H. (2001). *Healing trough working. A study of Therapeutic Communities for persons with Psychiatric Problems.* New York, NY: Mercury Press.

Kidd, A. H., & Kidd, R. M. (1980). Personality characteristics and preferences in pet ownership. *Psychological Reports, 46*(3), 939-949.

Kim, W., Kang, K. S., & Ma, Y. N. (2011). The influences of outdoor activities with companion dogs on the attention of children with ADHD. *Journal of Emotional and Behavioral Disorders, 27*(4), 49-76.

King, C., Watters, J., & Mungre, S. (2011). Effect of a time-out session with working animal-assisted therapy dogs. *Journal of Veterinary Behavior: Clinical Applications and Research, 6*(5), 232-238.

Kogan, L. R., Granger, B. P., Fitchett, J. A., Helmer, K. A., & Young, K. J. (1999). The human-animal team approach for children with emotional disorders: Two case studies. *Child and Youth Care Forum, 28*(2), 105-121.

Kotrschal, K., & Ortbauer, B. (2003). Behavioral effects of the presence of a dog in a classroom. *Anthrozoös: A Multidisciplinary Journal of the Interactions of People & Animals, 16*(2), 147-159.

Kozloff, M. A., & Rice, J. S. (2000). Parent and family issues: stress and knowledge. In P. J. Accardo, C. Magnusen, & A. J. Capute (Eds), *Autism: Clinical and Research Issues* (pp. 303-325). Baltimore, MD: York Press.

Kruger, K. A. & Serpell, A. (2006). Animal-assisted interventions in mental health: Definitions and theoretical foundations. In A. H. Fine (Ed.), *Handbook on animal-assisted therapy: Theoretical foundations and guidelines for practice* (2nd ed., pp. 21-38). San Diego, CA: Academic Press.

Kruger, K. A., & Serpell, J. A. (2010). Animal-assisted interventions in mental health: Definitions and theoretical foundations. In A. H. Fine (Ed.), *Handbook on animal-assisted therapy: Theoretical foundations and guidelines for practice (3rd ed.,* pp. 33-48). San Diego, CA: Academic Press.

Kuo, F. E., & Taylor, A. F. (2004). A potential natural treatment for Attention-Deficit/Hyperactivity Disorder: Evidence form a national study. *American Journal of Public Health, 94*(9), 1580-1586.

Kurdek, L. A. (2009). Pet dogs as attachment figures for adult owners. *Journal of Family Psychology, 23*(4), 439-446.

Levinson, B. M. (1962). The dog as a co-therapist. *Mental Hygiene, 46,* 59-65.

Little, S. A., & Garber, J. (1995). Aggression, depression, and stressful life events predicting peer rejection in children. *Development and Psychopathology, 7*(4), 845-856.

Lockwood, R. (1983). The influence of animals on social perception. In A. H. Katcher, A. M. Beck (Eds.), *New perspectives on our lives with companion animals* (pp. 64-72). Philadelphia: University of Pennsylvania Press.

Lord, C., Wagner, A., Rogers, S., Szatmari, P., Aman, M., Charman, T., Dawson, G., Durand, V.M., Grossman, L., Guthrie, D., Harris, S., Kasanri, C., Marcus, L., Murphy, S., Odom, S., Pickles, A., Scahill, L., Shaw, E., Siegel, B., Sigman, M., Stone, W., Smith, T., & Yoder, P. (2005). Challenges in evaluating psychosocial interventions for autistic spectrum disorders. *Journal of Autism and Developmental Disorders, 35*(6), 695-708.

Louv, R. (2005). *Last Child in the Woods: Saving Our Children from Nature-Deficit Disorder.* North Carolina: Algonquin Books.

Maas, J., Verheij, R. A., Groenewegen, P. P., De Vries, S., & Spreeuwenberg, P.

(2006). Green space, urbanity, and health: How strong is the relation?. *Journal of Epidemiology and Community Health, 60*(7), 587-592.

Maller, C., Townsend, M., Brown, P., & Leger, L. (2002). *Healthy parks healthy people: The health benefits of contact with nature in a park context,* Melbourne, Austrailia: Deakin University and Parks Victoria.

Martin, F., & Farnum, J. (2002). Animal-assisted therapy for children with pervasive developmental disorders. *Western Journal of Nursing Research, 24*(6), 657-670.

Matsuura, A., Nagai, N., Funatsu, A., Yamazaki, A., & Hodate, K. (2007). Changes in automatic nervous activity before and after horse trekking measured by heart rate variability and salivary amylase activity. *Presentation from the 11th International Conference on Human-Animal Interactions, People & Animals: Partnership in Harmony* (pp. 39), Tokyo, Japan.

McNicholas, J., & Collis, G. M. (2000). Dogs as catalysts for social interactions: Robustness of the effect. *British Journal of Psychology 91*(1), 61-70.

McNicholas, J., & Collis, G. M. (2001). Children's representations of pets in their social networks. *Child Care Health Development, 27*(3), 279-294.

McNicholas, J., & Collis, G. M. (2006). Animals as social supports: Insights for Understanding Animal-Assisted Therapy. In A. H. Fine (Ed.), *Handbook on animal-assisted therapy: Theoretical foundations and guidelines for practice* (2nd ed., pp. 49-71). San Diego, CA: Academic Press.

McNulty, L. (2009). *Service animals and children with autism.* Unpublished thesis. Institute of Technology, Sligo, Ireland.

Melson, G. F. (1998). The role of companion animals in human development. In C. C. Wilson, & D. C. Turner (Eds.), *Companion Animals in Human Health* (pp. 219-236). Thousand Oaks, CA: SAGE Publications.

Melson, G. F. (2001). *Why the wild things are: Animals in the lives of children.* Cambridge, MA: Harvard University Press.

Melson, G. F., & Fine, A. H. (2010). *Animals in the lives of children.* In A. H.

Fine (Ed.), *Handbook on animal-assisted therapy: Theoretical foundations and guidelines for practice* (3rd ed., pp. 223-245). San Diego, CA: Academic Press.

Melson, G. F., & Fogel, A. (1989). Children's ideas about animal young and their care: a reassessment of gender differences in the development of nurturance. *Anthrozoös: A Multidisciplinary Journal of the Interactions of People & Animals, 2*(4), 265-273.

Melson, G. F., & Schwarz, R. (1994). *Pets as social supports for families with young children.* New York city: Paper presented to the annual meeting of the Delta Society.

Melson, G. F., Sparks, C., & Peet, S. (1989). *Children's ideas about pets and their care.* Paper Presented at the Annual Meeting of the Delta Society, November 10-2, Parsipanny, New Jersey.

Messent, P. R. (1983). Social facilitation of contact with other people by pet dogs. In A. H. Katcher, & A. M. Beck (Eds.), *New perspectives on our lives with companion animals* (pp. 37-46). Philadelphia, PA: University of Philadelphia Press.

Miller, S. C., Kennedy, C., Devoe, D., Hickey, M., Nelson, T., & Kogan, L. (2009). An examination of changes in oxytocin levels in men and women before and after interaction with a bonded dog. *Anthrozoös: A Multidisciplinary Journal of the Interactions of People & Animals, 22*(1), 31-42.

MTA Cooperative Group. (2004). National institute of mental health multimodal treatment study of ADHD follow-up: 24-month outcoms of treatment strategies for attention-deficit/hyperactivity disorder. *Pediatrics, 113*(4), 754-761.

Myers, G. (1998). *Children and animals: social development and our connections to other species.* Boulder, CO: Westview Press.

Nagergost, S. L., Baun, M. M., Megel, M., & Leibowitz, J. M. (1997). The effects of the presence of a companion animal on physiologic arousal and behavioural distress in children during physical examination. *Journal of Pediatric*

Nursing, 12(6): 323-330.

Nathans-Barel, I., Feldman, P., Berger, B., Modai, I., & Silver, H. (2005). Animal assisted therapy ameliorates anhedonia in schizophrenia patients. A controlled pilot study. *Psychotherapy and Psychosomatics, 74*(1), 31-35.

Nathanson, D. E. (1989). Using Atlantic bottlenose dolphins to increase cognition of mentally retarded children. In P. Lovibond & P. Wilson (Eds.), *Clinical and abnormal psychology* (pp. 233-242). Amsterdam, North Holland: Elsevier Science Publishers.

Nathanson, D. E. (1998). Long-term effectiveness of dolphin-assisted therapy for children with severe disabilities. *Anthrozoös: A Multidisciplinary Journal of the Interactions of People & Animals, 11*(1), 22-32.

Nathanson, D. E., Castro, D., Friend, H., & McMahon, M. (1997). Effectiveness of shortterm dolphin-assisted therapy for children with severe disabilities. *Anthrozoös: A Multidisciplinary Journal of the Interactions of People & Animals 10*(2-3), 90-100.

Nathanson, D. E., & de Faria, S. (1993). Cognitive improvement of children in water with and without dolphins. *Anthrozoös: A Multidisciplinary Journal of the Interactions of People & Animals, 6*(1), 17-29.

Nebbe, L. L. (1991). The human-animal bond and the elementary school counselor. *The School Counselor, 38*(5), 362-371.

Nebbe, L. L. (1995). *Nature as a guide: Nature in counseling, therapy, and education.* (2nd ed.). Minneapolis, MN: Educational Media Corporation.

Nebbe, L. L. (2000). *Nature Therapy.* In A. H. Fine (Ed.), *Handbook on animal-assisted therapy: Theoretical foundations and guidelines for practice* (1st ed., pp. 385-414). San Diego, CA: Academic Press.

NIMH:National Institute of Mental Health. (2008). *The Numbers Count: Mental Disorders in America.*

Odendaal, J. S. (2000). Animal-assisted therapy-magic or medicine? *Journal of Psychosomatic Research, 49*(4), 275-280.

Odendaal, J. S., & Meintjes, R. A. (2003). Neurophysiological correlates of affiliative behaviour between humans and dogs. *Veterinary journal, 165*(3), 296-301.

Owens, L. A., & Johnston-Rodriguez, S. (2010). *Social competence.* International Encyclopedia of Education, 865-869.

Paddock, C. (2010). Dogs helped kids improve reading fluency. Medical News Today. Retrieved from http://www.medicalnewstoday.com/articles/186708. php

Palladino, L. J. (2007). *Find Your Focus Zone: An Effective New Plan to Defeat Distraction and Overload.* New York, NY: Free Press.

Patterson, C. H. (1986). *Theories of counseling and psychotherapy.* New York, NY: Harper Collins Publishers.

Paul, E. S. (2000). Empathy with animals and with humans: are they linked? *Anthrozoös: A Multidisciplinary Journal of the Interactions of People & Animals, 13*(4), 194-202.

Pavlides, M. (2008). *Animal-Assisted Interventions for Individuals with Autism.* London: Jessica Kingsley.

Pawlik-popielarska, B. M. (2010). The impact of kynotherapy in handicapped children. *Neuropsychologica, 8*(1), 26-37.

Pedersen, I. (2011). *Farm animal-assisted interventions in clinical depression.* Philosophiae Doctor Thesis, Vol.25, Norwegian University of Life Sciences, Ås, Norway.

Piaget, J. (1969). *The Mechanisms of Perception.* London: Routledge and Kegan Paul.

Poresky, R. H. (1990). The young children's empathy measure: reliability, validity and effects of companion animal bonding. *Psychological Reports, 66*(3), 931-936.

Poresky, R. H. (1996). Companion animals and other factors affecting young children's development. *Anthrozoös: A Multidisciplinary Journal of the In-*

teractions of People & Animals, 9(4), 159-168.

Poresky, R. H., Hendrix, C., Mosier, J. E., & Samuelson, M. L. (1987). The companion animal bonding scale: internal reliability and construct validity. *Psychological Reports, 60*(3), 743-746.

Preziosi, R. J. (1997). For your consideration: a pet-assisted therapist facilitator code of ethics, *The Latham Letter*, Spring, 5-6.

Prothmann, A. Ettrich, C., & Prothmann, S. (2009). Preference for, and Responsiveness to, People, Dogs and Objects in Children with Autism. *Anthrozoös: A Multidisciplinary Journal of the Interactions of People & Animals, 22*(2), 161-171.

Pretty, J. (2004). How nature contributes to mental and physical health. *Spirituality and Health International, 5*(2), 68-78.

Pretty, J. (2007). *The Earth only Endures: On Reconnecting with Nature and Our Place In It.* London: Earthscan.

Pretty, J., Peacock, J., Sellens, M. & Griffin, M. (2005). The mental and physical health outcomes of green exercise. *International Journal of Environmental Health Research, 15*(5), 319-337.

Redefer, L. A., & Goodman, J. F. (1989). Brief report: therapy with autistic children. *Journal of Autism and Developmental Disorders, 19*(3), 461-467.

Rosenberg, M. (1963). *Society and the adolescent self-image.* Princeton, NJ: Princeton University Press.

Rost, D., & Hartmann, A. (1994). Children and their pets. *Anthrozoös: A Multidisciplinary Journal of the Interactions of People & Animals, 7*(4), 242-254.

Rowland, A. S., Lesesne, C. A., & Abramowitz, A. J. (2002). The epidemiology of attention-deficit hyperactivity disorder (ADHD): A public health view. *Mental Retardation and Developmental Disabilities Research Reviews, 8*(3), 162-170.

Rud, A. G., & Beck, A. M. (2003). Companion animals in Indiana elementary schools. *Anthrozoös: A Multidisciplinary Journal of the Interactions of*

People & Animals, 16(3), 241-251.

Schaeffer, C. M., Petras, H., Ialongo, N., Poduska, J., & Kellam, S. (2003). Modeling growth in boys' aggressive behavior across elementary school: links to later criminal involvement, conduct disorder, and antisocial personality disorder. *Developmental Psychology, 39*(6), 1020-1035.

Schaefer, C. E., & Reid, S. E. (2001). *Game Play: Therapeutic Use of Childhood Games* (2nd Ed.). New York, NJ: John Wiley & Sons, Inc.

Schore, A. N. (2001a). Effects of a secure attachment relationship on right brain development, affect regulation, and infant mental health. *Infant Mental Health Journal, 22*(1-2), 7-66. Retrieved from http://www.trauma-pages.com/a/schore-2001a.php.

Schore, A. N. (2001b). The effects of early relational trauma on right brain development, affect regulation, and infant mental health. *Infant Mental Health Journal, 22*(1-2), 201-269. Retrieved from http://www.trauma-pages.com/a/schore-2001a.php.

Schore, A. N. (2009). Relational trauma and the developing right brain: An interface of psychoanalytic self psychology and neuroscience. *Self and Systems: Exploration in Contemporary Self Psychology, 1159*, 189-203.

Schore, J. R., & Schore, A. N. (2008). Modern attachment theory: The central role of affect regulation in development and treatment. *Clinical Social Work Journal, 36*(1), 9-20.

Serpell, J. A. (2000). Creatures of the unconscious: Companion animals as mediators. In A. L. Podberscek, E. R. Paul, & J. A. Serpell (Eds.), *Companion animals and us: Exploring the relationships between people and pets* (pp. 108-121). Cambridge, UK: Cambridge University Press.

Siegel, D. J. (1999). *The developing mind: How relationships and the brain interact to shape who we are.* New York, NY: The Guilford Press.

Siegel, J. M. (1990). Stressful life events and use of physician services among the elderly: The moderating role of pet ownership. *Journal of Personality and*

Social Psychology, 58(6), 1081-1086.

Solomon, O. (2010). What a dog can do: children with autism and therapy dogs in social interaction. *Journal of the Society for Psychological Anthropology: Ethos, 38*(1), 143-166.

Souter, M. A., & Miller, M. D. (2007). Do animal-assisted activities effectively treat depression? A meta-analysis. *Anthrozoös: A Multidisciplinary Journal of the Interactions of People & Animals, 20*(2), 167-180.

Spierer, D., Griffiths, E., & Sterland, T. (2009). Fight or flight: Measuring and understanding human stress response in tactical situations. *The Tactical Edge*, Summer 2009, 30-40.

Sprinkle, J. E. (2008). Animals, empathy, and violence can animals be used to convey principles of pro-social behavior to children?. *Youth Violence and Juvenile Justice, 6*(1), 47-58.

Strand, E. B. (2004). Interparental conflict and the youth maladjustment: The buffering effects of pets. *Stress, Trauma, and Crisis: An international journal, 7*(3), 151-168.

Strock, M. (2004). *Autism spectrum disorders (pervasive developmental disorders).* Bethesda, MD: National institute of mental health (NIMH), Publication No. NIH-04-5511.

Sundaramurthy, S. (2011). The effect of Animal-Assisted Therapy (AAT) on rehabilitation of hand functions for clients with severe intellectual disability in residential home, the 20th ACID(Asian Conference on Intellectual Disabilities), Oral presentation 5.2.1. 994-1009. http://www.acid2011korea.org/kaidd_abs/pds/20110900092_20th_f_17.pdf.

Taylor, A. F., Kuo, F. E., & Sullivan, W. (2001). Coping with ADD: The surprising connection to green play settings. *Environment and Behavior, 33*(1), 54-77.

Taylor, A. F., & Kuo, F. E. (2009). Children with attention deficits concentrate better after walk in the park. *Journal of Attention Disorders, 12*(5), 402-409.

Tellington-Jones, L. (2012). Getting in TTouch with your dog: A gentle approach to influencing behavior, health, and performance (2nd ed.). Trafalgar Square Books.

Triebenbacher, S. L. (1998). Pets as transitional objects: Their role in children's emotional development. *Psychological Reports, 82*(1), 191-200.

UNFPA. (2007) *State of the world population 2007: Unleashing the potential of urban growth.* New York, US, United Nations Population Fund.

Uvnäs-Moberg, K. (1998). Oxytocin may mediate the benefits of positive social interaction and emotions. *Psychoneuroendocrinology, 23*(8), 819-835.

Van den Berg, A. E., Hartig, T., & Staats, H. (2007) Preference for nature in urbanised societies: Stress, restoration and the pursuit of sustainability. *Journal of Social Issues, 63*(1), 79-96.

Vidovic, V. V., Stetic, V. V., & Bratko, D. (1999). Pet ownership, type of pet and socio-emotional development of school children. *Anthrozoös: A Multidisciplinary Journal of the Interactions of People & Animals, 12*(4), 211-217.

Von Franz, M. L. (1972). The process of individuation. In C. G. Jung & L. M. von Franz (Eds.), *Man and his symbols* (pp. 158-229). NY: Dell.

Vygotsky, L. (1978). *Mind in Society.* Cambridge, MA: Harvard University Press.

Wallin, D. J. (2007). *Attachment in psychotherapy.* New York, NY: The Guilford Press.

Walters E. S., & Stokes, T. (2008). Social effects of a dog's presence on children with disabilities. *Anthrozoös: A Multidisciplinary Journal of the Interactions of People & Animals, 21*(1), 5-15.

Wells, D. L. (2004). The facilitation of social interactions by domestic dogs. *Anthrozoös: A Multidisciplinary Journal of the Interactions of People & Animals 17*(4), 340-352.

Wilson, C. C. (1991). The pet as an anxiolytic intervention. *The Journal of Nervous and Mental Disease, 179*(8), 482-489.

Winnicott, D. W. (1986). Transitional objects and transitional phenomena. In P. Buckley (Ed.), *Essential papers on object relations* (pp. 254-271). New

York, NY: New York University Press.

Wolf, E. (1994). Selfobject experiences: Development, psychopathology, treatment. In S. Kramer & S. Akhtar (eds.), *Mahler and Kohut: Perspectives on development, psychopathology, and technique* (pp. 65-96). Northvale, HJ: Jason Aronson.

Yeh, M. L. (2008). Canine animal-assisted therapy model for the autistic children in Taiwan. Conference on Human-Animal Interactions, People & Animals: Partnership in Harmony. Tokyo.

부록 1

동물매개중재 교육 자료

동영상

소중한 내 친구 수연이를 소개합니다. (2012). EBS 동물일기 77화 (방송일: 2012. 8. 19. 30분) http://home.ebs.co.kr/animaldiary/index.html

세진아! 강아지 키워볼래? (2011). EBS 동물일기 25화 (방송일: 2011. 8. 18. 30분), 26화 (2011. 8. 28. 30분) http://home.ebs.co.kr/animaldiary/index.html

Green Chimneys (2010). Amazon.com: Cinequest. (DVD, 95 minutes)

Kids & Animals: A Healing Partnership (2006). Amazon.com: CustomFlix. (DVD, 60 minutes)

Paws With A Purpose: People and Animals That Care (2008). Amazon.com: CreateSpace. (DVD, 23 minutes)

인간과 동물 유대 척도

Anderson, D. C. (2006). *Assessing the Human-Animal Bond: A Compendium of Actual Measures.* West Lafayette, IN: Purdue University Press.

도서

권도승 (역) (2006). 동물과의 대화. T. Grandin & C. Johnson의 Animal in translation: Using the mysteries of autism decode animal behavior. 서울: 샘터.

김양순 (역) (2006). 동물보조 치료와 상담. C. K. Chandler의 Animal assisted therapy in counseling. 서울: 학지사.

송연석, 최완규 (역) (2009). 내 친구 헨리. N. Gardner의 A friend like henry. 서울:
옥당

이상춘 (역) (2005). 마음을 나누는 동물 이야기. B. Marty의 The healing power of
pets: Harnessing the amazing ability of pets to make and keep people
happy and healthy. 서울: 한문화.

Chandler, C. K. (2012). Animal assisted therapy in counseling. New York, NY:
Routledge.

Fine. A. H. (Ed.). (2010). Handbook on animal-assisted therapy: Theoretical
foundations and guidelines for practice (3rd ed.). San Diego, CA: Academic
Press.

Grover, S. (2010). 101 Creative Ideas for Animal Assisted Therapy. LaVergne,
TN: Motivational Press.

McCardle, P., McCune, S., Griffin, J. A., Esposito, L., & Freund, L. (2010). Animals
in Our Lives: Human-animal Interaction in Family, Community, and Thera-
peutic Settings. Baltimore, MD: Paul H Brookes.

부록 2

국내 동물매개중재 기관

교육기관
□ 전문대학
　－전주기전대학 애완동물관리과
□ 대학원
　－원광대학교 동서보완의학대학원 동물매개치료학과

동물매개중재 관련 기관
□ 대한동물매개협회(http://www.kaaai.org)
□ 한국동물매개심리치료학회(http://www.kaaap.org)
□ 한국동물매개치료복지협회(http://www.kaatwa.org)
□ 창파동물매개치료연구센터(http://www.cpanimal.com)
□ 삼성재활승마센터(http://samsungtomorrow.com/484)
□ 한국마사회 승마힐링센터(http://www.kra.co.kr)
□ 한국재활승마교육센터(http://www.krredu.com)
□ 돌고래(제주)－마린파크(http://www.marinepark.co.kr)

부록 3

해외 동물매개중재 기관

해외 주요 단체

□ 인간과 동물의 상호작용 국제학회-IAHAIO(International Association of Human Animal Interaction Organization) http://www.iahaio.org

- 1990년에 발족한 국제학회로 인간과 동물의 상호작용에 대한 연구를 하며, 매 3년마다 회의를 개최하여 우수 성과를 남긴 단체 또는 개인에게 시상하고 있으며, 미국, 영국, 일본을 포함한 30여 개 단체가 가입되어 활동 중

□ 델타 소사이어티-미국 : Delta Society(http://www.deltasociety.org)

- 1970년대 초에 동물이 인간에게 중요한 동료로 인식하는 전문가의 작은 그룹, 델타 파운데이션으로 발족하여 1981년 공익법인으로 하여 전 미국에 사무국을 설치하여 인간과 동물의 상호작용에 관한 세계적인 정보센터로서 프로그램의 입안과 실천, 조사 연구, 교육과 봉사, 정기 간행물 발행 등의 활발한 활동을 하며 미국, 캐나다, 호주에 지부를 갖고 있는 단체

- 미국 내 45개 주와 주변 4개국에서 약 2,000여 팀이 활동 중

□ 반려동물 연구학회-영국: SCAS(The Society for Companion Animals Studies) http://www.scas.org.uk

- 1979년 설립된 영국의 대표적인 단체로, 사람과 반려동물 사이의 사회적 혜택을 지원하고 촉진하기 위해 노력하는 교육 자선 단체

□ 반려동물 파트너십 프로그램-일본 CAPP(Companion Animal Partnership Program) http://www.jahafriends.com

- 1986년 일본 동물병원 협회가 인간과 동물의 교감 활동을 기획하고 자원봉사자 회원과 함께 동물을 동반하여 각종 시설의 방문 활동을 시작함

- 1987년 이런 활동들이 인정되어 후생성(보건복지부) 노인보건복지국 노인보건 계획과 소관의 사단법인 일본 동물병원 복지협회 설립

해외 동물매개치료 개설 교육기관 및 프로그램

□ 캐롤 대학(carroll College): Human-Animal Bond Program

　http://www.carroll.edu/academics/majors/hab/

□ 콜로라도 주립대학(Colorado State University): Human-Animal Bond in Colorado(HABIC) program

　http://www.habic.cahs.colostate.edu/

□ 코넬 대학(Cornell University): Cornell Companions Program

　http://www.vet.cornell.edu/services/companions/

□ 오클랜드 대학(Oakland University): Animal Assisted Therapy Certificate Program

　http://www.oakland.edu/?id=6298&sid=166

□ 덴버 대학(University of Denver): Animal-Assisted Social Work(AASW) Certificate

　http://www.du.edu/socialwork/programs/msw/concentration/certprograms/aaswcertificate.html

□ 미네소타 대학(University of Minnesota): Center to Study Human Animal Relationships and Environments(CENSHARE)

　http://censhare.umn.edu/

□ 노스 텍사스 대학(University of North Texas): Center for Animal Assisted Therapy

　http://www.coe.unt.edu/center-animal-assisted-therapy

| 찾아보기 |

저자 소개

김 원

숭실대학교에서 전산학으로 박사학위를 취득한 후 원광대학교에서 동물매개치료로 석사학위를 받았다. 현재 전주기전대학 애완동물관리과 교수로 재직 중이다. 2011~2012년 EBS 〈동물일기〉에 출연하여 동물매개치료에 대해 자문을 하였다. 현재는 동물매개치료의 슈퍼비전, 아동대상 동물매개치료, 동물매개치료 전문가 양성 등에 주력하고 있으며, 동물매개치료 특강, 시연 등을 통해서 동물매개치료의 홍보와 발전을 위하여 노력하고 있다. 또한 대한동물매개협회 회장을 맡고 있다. 주요 논문으로는 「반려견과 함께하는 야외활동이 주의력결핍 과잉행동장애 아동의 주의력에 미치는 영향」 등이 있다.

강경숙

2006년 이화여자대학교에서 특수교육학 박사학위를 취득하였다. 초등학교 특수학급 교사, 교육과학기술부 국립특수교육원 교육연구사로 근무하면서 특수교육 관련 교육현장 및 행정 경험을 하였다. 2007년부터 원광대학교 중등특수교육과 교수로 재직하고 있으며 정신지체, 정서행동장애, 특수교육 진단 및 평가 등을 강의하고 있다. 한국특수아동교육학회, 한국동물매개심리치료학회 이사로 활동하고 있다. 주요 저서로는 『지적장애교육』(공저, 학지사, 2012)이 있으며, 주요 역서로 『중도장애』(공역, 학지사, 2009), 『자폐성장애: 조기진단과 통합의 치료에 대한 임상적 가이드』(공역, 시그마프레스, 2009) 등이 있다.

마영남

2013년 원광대학교에서 농학 박사학위를 취득하였다. (사)한국애견협회 훈련 사범으로 2004년부터 마한애견훈련학교 소장으로 있으면서, 부설 MA's AAT Center를 운영하고 있다. 학부와 대학원에서 관련 과목을 강의하고 있다. 한국동물매개심리치료학회 자격위원장을 역임하였다. 주요 저서로 『동물매개치료학개론』(공저, 동일출판사, 2010), 『반려동물행동학』(공저, 동일출판사, 2012) 등이 있다.

아동을 위한 동물매개중재 −이론과 실제−

2013년 3월 25일 1판 1쇄 인쇄
2013년 3월 30일 1판 1쇄 발행

지은이 • 김 원 · 강경숙 · 마영남
펴낸이 • 김진환
펴낸곳 • (주) **학지사**

　　　　　121-837 서울시 마포구 서교동 352-29 마인드월드빌딩 5층
대표전화 • 02-330-5114　　팩스 • 02-324-2345
등록번호 • 제313-2006-000265호

홈페이지 • http://www.hakjisa.co.kr
커뮤니티 • http://cafe.naver.com/hakjisa

ISBN 978-89-997--0086-6 93180
정가 14,000원